»Unter ›Trance‹ verstand man lange Zeit einen Bewußtseinszustand, der als ›entrückt‹ galt und mit der Welt, wie sie sich in der Realität darstellt, nicht kongruent ist. Die moderne Forschung, vor allem die Humanistische Psychologie, hat in den letzten Jahren erwiesen, welche Bedeutung diesem ›Hinübergehen‹ beizumessen ist. Untersuchungen zeigen sogar eine heilende bzw. die Selbstheilung des Menschen fördernde Wirkung, speziell bei Hypnose, Traumarbeit und Meditation. Die daraus entstandenen Techniken wie Biofeedback oder Visualisierung werden mittlerweile von vielen Menschen wie selbstverständlich angewandt – was auf einen Wandel bezüglich des Umgangs mit dem Bewußtsein schließen läßt.«

Hans Christian Meiser

Der Herausgeber Hans Christian Meiser, Jg. 1957, Studium der Philosophie und Promotion, freier Schriftsteller und Übersetzer, Herausgeber der Reihen »Ausgewählte Texte« und »LeseLust« (bei Goldmann), schrieb Opernlibretti und das dokumentarische Theaterstück »Zum Beispiel Dachau«. Entwickelte TV-Projekte. Besucht auf journalistischen Reisen ungewöhnliche Menschen und Orte in aller Welt. Zu seinen Büchern gehören »Lebensabschnittspartner« (Krüger, Frankfurt/M. 1991), »Der verlassene Mann« (Krüger, Frankfurt/M. 1993) und, zusammen mit Michael Görden, »Madonna trifft Herkules« (Krüger, Frankfurt/M. 1994) sowie eine Vielzahl von Herausgaben. Für den BR drehte er als Autor/Regisseur das Feature »Leben ohne Grenzen«. Zudem moderiert er die NDR/RB-Sendung »Menschen-Kunde«.

MENSCHEN-KUNDE

Trance

Andere Bewußtseinszustände und die Arbeit mit ihnen

Herausgegeben von
Hans Christian Meiser

Mit einem Essay von
Safi Nidiaye

Fischer Taschenbuch Verlag

Originalausgabe
Veröffentlicht im Fischer Taschenbuch Verlag GmbH,
Frankfurt am Main, Juni 1996

Gesamtherstellung: Clausen & Bosse, Leck
Printed in Germany
ISBN 3-596-12696-7

Gedruckt auf chlor- und säurefreiem Papier

Inhalt

Einführung

Unter »Trance« verstand das Normalempfinden lange Zeit einen Bewußtseinszustand, der als »entrückt« galt und mit der Welt, wie sie sich in der Realität darstellt, nicht kongruent ist. Das Wort stammt vom lateinischen »transire«, was »hinübergehen« bedeutet. Die moderne Forschung, vor allem die Humanistische Psychologie, hat in den letzten Jahren nachgewiesen, welche Bedeutung diesem Hinübergehen beizumessen ist. Untersuchungen zeigten sogar eine heilende bzw. die Selbstheilung des Menschen fördernde Wirkung, besonders mit Hilfe von Hypnose, Traumarbeit und Meditation. Die daraus entstandenen Techniken wie Biofeedback oder Visualisierung werden mittlerweile von vielen Menschen angewandt – was auf einen Wandel bezüglich des Umgangs mit dem Bewußtsein schließen läßt. Heute kann man geradezu von Bewußtseinserweiterung sprechen.

Die Zustände der »Ek-stasis«, der Ekstase, des Außer-sich-Seins, der Verzückung waren in allen frühen Kulturen bekannt und wurden sogar gefördert, um eine Verbindung mit anderen Ebenen des Geistes herzustellen. Ob es sich um animistische Religionen in Afrika oder um christliche Mystiker im Abendland handelte – die Tatsache, daß man sich mit dem Geist in unbekannte Gefilde begeben kann, um von dort entweder Heilung oder Wissen über die Zukunft zu erhalten, war allgemein nicht nur geachtet, sondern auch erwünscht.

Der Rationalismus der Aufklärung beendete die Bezogenheit des Menschen auf jenen Bereich, der nun als irreal abgetan wurde, was zu einem zeitweisen Vergessen der »Dinge hinter den Dingen« führte. Mit dem Auftreten der Theosophie, der Anthroposophie, der transkulturellen Meditationslehren und nicht zuletzt der New-

Age-Physik aber wurde dem Bewußtsein die Möglichkeit, andere Zustände oder Ebenen zu erreichen, wieder zugestanden. In den 60er Jahren verhieß die synthetische Droge LSD Bewußtseinserweiterung, mit großem Erfolg zwar, aber mit verheerenden Nachwirkungen. Mit der Kultdroge Peyotl ging es nicht besser, vor allem deshalb, weil die schlimmen Folgen kulturfremder Drogen zunächst unterschätzt wurden und weil man erkannte, daß geistige Fragen wie »Was ist unser Bewußtsein überhaupt?«, »Auf welcher Ebene findet die Bewußtseins-Entwicklung statt?«, »Hat das Bewußtsein eine ethische Aufgabe?« oder »Sind alle Bewußtseine auf dieser Welt miteinander vernetzt?« nur mit dem Geist bzw. seiner Weiterentwicklung beantwortet werden konnten.

Bei der Suche nach Antworten gelangte man zu der überraschenden Erkenntnis, daß sich Bewußtsein beliebig verändern läßt, vorausgesetzt, man verfügt über die richtige geistige Technik. Die daraus resultierenden Erfahrungen zeigen, daß der Mensch und die Welt *in toto* mehr sind, als es das »normale« Bewußtsein wahrnehmen kann. Durch Traum, Trance und eine Vielzahl von geistigen Übungen kann das Bewußtsein nicht nur positiv manipuliert werden, es kann auch selbst aufgrund seiner Veränderung zur Veränderung der äußeren Bedingungen beitragen. Die Mystiker sprachen schon vor 500 Jahren vom »nächtlichen Ausflug der Seele, bei dem Gott geschaut wird«. Zwar steckt die Bewußtseinsforschung noch in ihren Anfängen, doch einige Ergebnisse, wie sie z. B. beim »Kreativen Träumen« oder beim Visualisieren erzielt wurden, sind nicht mehr zu leugnen und versetzen die rationalen Wissenschaften in Aufruhr.

Trance- und Traumarbeit, Transzendentale Meditation, Positives Denken oder Außersinnliche Wahrnehmung erlauben es den Menschen, sich Wirklichkeitsbereiche zu erschließen, die zu einer Gesamtheilung alles Lebendigen führen könnten. Allein die Entdekkung C. G. Jungs, daß es ein kollektives Bewußtsein gibt, welchem Urmuster, die sogenannten Archetypen, zugrunde liegen, die zu allen Zeiten und in allen Kulturen vorhanden sind, verdeutlicht, von welch ungeahntem Ausmaß unser Bewußtsein tatsächlich ist und welche Möglichkeiten uns offenstehen, wenn wir nur in der Lage wären, es besser einzusetzen. Möglicherweise sind z. B. Astralreisen in der Zukunft kein Science-fiction-Stoff mehr.

Der gegenwärtige Bewußtseins*wandel* gibt somit Anlaß zur Hoffnung, genau wie das Wiederaufleben von Naturheilkunde, organischer Landwirtschaft, vernetztem Denken und asiatischer Philosophie. Das bislang vorherrschende Welt*bild* bedeutet nur eine vorläufige Sicht der Dinge der Welt aus nur einer bestimmten Blickrichtung, eine Sicht, die sich trotz reflexivem Denken im Dividieren erschöpft, d. h., durch die Analyse des betrachteten Gegenstandes kann man zwar zu konkreten Einzelergebnissen gelangen, verliert jedoch dabei den Blick auf das Gesamtgefüge der Weltwirklichkeit. In der synthetisch-intuitiven, holistischen Welt*schau* dagegen, die z. B. Dichtern eigen ist und die sich bei einer Veränderung der Bewußtseinszustände zeigt, finden alle Einzelbereiche zusammen und bilden eine gefügte Einheit, die aber gleichzeitig weiterhin nach allen Richtungen hin offen ist.

Das Wissen dieser Weltschau ist daher lebendig, d. h. erfahren, und steht somit im Gegensatz zum nekrophilen, fixierenden Wissen. Um zur Schau zu gelangen, bedarf es eines vorurteilsfreien Denkens, das arm, leer, offen und frei ist für das Empfinden. Durch dieses Denken wird die Welt immer wieder neu, einmalig, erstmalig. Das Bekannte ist nicht bekannt, sondern überrascht mit immer neuen Facetten. Die Chaos-Forschung und die fraktale Geometrie sind erste Boten dessen, was uns diese Welt in ihrer Unendlichkeit zu bieten hat.

Hans Christian Meiser

Folgender Text, verfaßt von der »Channeling«-Expertin Safi Nidiaye, stellt eine Besonderheit dar. Denn er ist selbst »gechannelt«, also empfangen aus einer Ebene unseres Bewußtseins, die uns normalerweise nicht zugänglich ist. Wo diese Ebene lokalisiert ist und wie es gelingen kann, mit ihr in Kontakt zu treten, davon berichten die folgenden Seiten.

Safi Nidiaye

Das Licht, das aus dem Dunkeln kommt

Der Mensch ist ein Wesen, das auf vielen Ebenen lebt, und zwar sowohl als körperliches als auch als fühlendes und denkendes Wesen; nur weiß er meistens recht wenig davon. Ein Mensch kann sich dieser oder jener Ebene bewußt sein; die Ebene, derer er sich bewußt ist, hält er im allgemeinen für die einzig gültige Realität. Oder er ist tolerant oder intelligent genug zuzugeben, daß es andere Realitäten geben mag; insgeheim, und vielleicht ohne es zu wissen, hält er die seine aber für die eigentlich wirkliche. Der Mensch spinnt sich eine Welt aus Gedanken und lebt darin. Er hat Meinungen, Überzeugungen, Glaubenssätze, die sein Denken formen, seine Wahrnehmungen verzerren, seine Interpretationen bestimmen; das ist es, was die Hindus »Maya« nennen, Illusion. Der Mensch erlebt nicht die Wirklichkeit, sondern seine Interpretation der Wirklichkeit. Sogar die physische Welt, wie wir sie durch Vermittlung unserer fünf Sinne wahrnehmen, ist nur eine Interpretation. Hätten wir andere Sinne, wir nähmen eine andere Welt wahr. Das sagen längst nicht mehr nur Mystiker, sondern Wissenschaftler unserer Tage haben es entdeckt.

Wenn man beginnt, sich einer höheren Ebene bewußt zu werden, so kann man das »Erwachen« nennen. Es ist so, wie wenn man in einem sinnlos erscheinenden Muster auf Papier plötzlich ein dreidimensionales Bild entdeckt, das Sinn macht; sicher kennen Sie »das magische Auge«. Man sieht etwas, das man zuvor nicht gesehen hat. Es war die ganze Zeit da, aber man konnte es nicht sehen.

So ist es auch mit anderen Ebenen der Realität und des Bewußtseins. Sie sind hier, aber wir können sie nicht sehen. Manchmal schimmert etwas durch von ihnen, in Träumen, in ekstatischen Erlebnissen, in Momenten der Erleuchtung, in Augenblicken der Verliebtheit; in

Situationen großer Not, wenn wir durch schwer erträgliche Schmerzen gehen, oder wenn Menschen ihren klinischen Tod erleben.
Pir Vilayat Khan schreibt in »Der Ruf des Derwisch«:

»Die Welt, so wie wir sie zu kennen glauben, ist nur ein unglaublich kleines Fragment der Wirklichkeit, nicht mehr als ein Kräuseln auf dem Ozean der Realität...«

Als Beispiel erwähnt er die Fotografien von Walter Chappell, der Blumen mit ultraviolettem Licht fotografierte. Diese Bilder zeigen die Blumen völlig anders, als wir sie wahrnehmen: nicht voneinander getrennt, sondern einander überlappend und durchscheinend – und noch schöner, als wir sie schon mit bloßem Auge sehen. Das ist eine andere Ebene der Realtität. Wir nehmen sie nicht wahr. Hätten wir die Fähigkeit, ultraviolettes Licht durch unsere Sehorgane auszustrahlen, so könnten wir sie wahrnehmen. Übrigens besitzen wir diese Fähigkeit, wie sie die Meister von jeher lernen, wir müssen sie nur entwickeln. Das »dritte Auge« ist dafür zuständig.
Nicht nur die Blumen, auch wir existieren auf dieser anderen Ebene. Wenn wir Glück haben, können wir diese Welt in der Meditation entdecken; vielleicht auch im Traum oder bei einer Trance-Reise. Wir können uns als durchscheinend erleben, zwar irgendwie unverkennbar als wir selber, aber ohne festen Umriß; die Grenzen verschwimmen, und wir und die übrige Welt sind nicht voneinander getrennt, sondern ineinander verwoben. Vielleicht ist das die »implizite Ordnung«, von der der Physiker David Bohm spricht.
Wie auch immer: Es gibt ganz offenbar andere Ebenen des Seins, des Gewahrseins, des Denkens; auch des Fühlens: Wenn Sie sich einmal eine Zeitlang in die Natur zurückgezogen, Ihre Gedanken zur Ruhe gebracht, sich entspannt, mit der Natur Kontakt aufgenommen haben, sich von der Schönheit eines Sonnenaufgangs oder eines Sternenhimmels haben überwältigen lassen, dann wissen Sie, daß es erhabenere Emotionen gibt als die, die wir aus unserem Alltag kennen. Große Musik kann sie auslösen, große Kunst überhaupt, große Momente im Leben, großes Leiden, die Begegnung mit großen Menschen. Es sind andere Ebenen der Emotion.
Leider ist das, was in unserer Welt überwiegt, nicht dazu angetan,

Großes in uns zu wecken, eher dazu, uns recht klein zu halten – Werbung, Filme, Schlager, Fernsehprogramme, die Art von Arbeit, die der Mehrheit der Menschen zur Verfügung steht... Zwar kann man auch inmitten dieser banalen Umstände eine andere Sichtweise annehmen und beibehalten, eine höhere, eine, die Sinn sieht, wo wir nur Ärger und Unsinn sehen, eine, die Schönheit sieht, wo alles häßlich zu sein scheint, eine, die tiefer sieht und die großen Zusammenhänge kennt. Aber das ist schwer. Es erfordert ständiges Stimmen seines Instruments; Körper, Herz, Geist, Seele müssen gepflegt, geliebt geehrt, in Schuß gehalten und stets zum Allerhöchsten angespornt werden. Einsamkeit, Natur, Musik, Meditation, Gebet, das sind Hilfsmittel, um sich zu stimmen.

So kann es geschehen, daß man mit höheren als der gewohnt-gewöhnlichen Ebene der Wirklichkeit in Berührung kommt. Tatsächlich haben wir selbst teil an diesen höheren Ebenen; es sind gewissermaßen überbewußte Anteile unserer selbst. Das »höhere Selbst« ist kein anderes Selbst als wir selbst, denn es gibt nur ein Selbst, es sind wir selbst; aber es ist eine andere Art des Gewahrseins.

Daher bedarf es auch keines besonderen Brimboriums, wenn man mit dem »höheren Selbst« Kontakt aufnehmen will, denn man ist es ja selbst – viel mehr als das »niedrigere« Selbst, das sich für die Person XY hält. Das Niedrigere muß schweigen, damit das Höhere sich zu Wort melden kann; damit es aber das Höhere und nicht irgend etwas anderes ist, das sich zu Wort meldet, muß im Niedrigen der klare Wunsch vorhanden sein, mit dem Höheren in Berührung zu kommen. Sehnsucht nach Wahrheit, nach Schönheit, nach Liebe, nach den Tiefen der Seele oder der Wunsch, seine Aufgabe besser erfüllen zu können, das sind Motive, die stark genug sind, um klar und deutlich Antwort, Belehrung, Inspiration, Wissen aus höheren Sphären zu erhalten.

Das Höhere muß, um in der Welt des Niederen verstanden zu werden, sich der Sprache des Niederen bedienen. Das Höhere wird daher, sobald es in Gedanke oder Wort formuliert ist, ärmer, enger, blasser und ein wenig entstellt. Würde es sich nur in seiner eigenen Sprache ausdrücken – sie ist leuchtender, kompakter, intensiver, jenseits von Worten –, man würde es zwar verstehen, könnte es aber

nicht mitteilen und auch nur schwer in seinem eigenen Bewußtsein festhalten. Also wird es in Worte gefaßt.
Werden diese Worte im Hirn eines Dichters gebildet, so können sie wenigstens heranreichen an den ursprünglichen Sinn, die ursprüngliche Kraft und Schönheit der Botschaft. Fallen sie ins Gehirn eines nüchternen Intellektuellen, der gut formulieren kann, so werden sie als höchst plausible, den logischen Verstand befriedigende, verständliche, wenn auch manchmal vielleicht etwas kompliziert anmutende Erklärungen herauskommen. Fallen sie in ein weniger gut ausgebildetes Gehirn und werden von seinem Inhaber als Botschaften aus höheren Sphären an die Mitwelt weitergegeben, so kann ihr Sinn unter Umständen verschleiert, wenn nicht gar verzerrt werden, und der Leser oder Zuhörer wendet sich mit Grausen ab – auch wenn die ursprüngliche Botschaft wahr und höchst interessant gewesen sein mag. Fallen sie ins Gehirn eines dogmenverhafteten Menschen, so werden sie beim Übersetzen in Worte unmerklich durch das Raster der Dogmen, Überzeugungen oder Glaubenssätze, die in diesem Hirne herrschen, strukturiert – es sei denn, der Kanal ist trotz aller Enge des alltäglichen Wachbewußtseins im Zustand medialer Trance so rein, daß er auch Informationen unverfälscht passieren läßt, bei denen sich dem Medium die Haare sträuben.
Offenbarung, Inspiration, mediales Durchgeben von Botschaften aus höheren Ebenen, »Channeling«: Das ist es, wovon hier die Rede ist. Das Phänomen ist alles andere als neu. Neu ist nur der letztgenannte Ausdruck, der aus dem Englischen stammt und »Kanalisieren« bedeutet. Zu allen Zeiten hat es »Channels« gegeben, Menschen, die Informationen oder heilende Schwingungen aus höheren Ebenen kanalisierten, nur hießen sie nicht so. Mit der Zeit der »Aufklärung« verschwand zwar nicht das Phänomen, aber seine hohe gesellschaftliche Bedeutung, um nun via esoterischem Untergrund wieder aufzutauchen.
Heute ist »Channeling« nicht auserwählten Sehern, Schamanen, Priestern vorbehalten, die harte Schulungen und strenge Prüfungen hinter sich bringen mußten; heute befällt die Gabe, oftmals aus heiterem Himmel, Hausfrauen, Manager, Sekretärinnen, Therapeuten, Menschen aller Bevölkerungsschichten, die manchmal, aber nicht immer qualifiziert sind, das Erhaltene in überzeugender Weise weiterzugeben, aber zumindest selber großen Nutzen ziehen aus der

Information und Schulung, die sie auf dem Wege des Channeling »von oben« bekommen. Sicher gibt es Scharlatane, bewußte und unbewußte, aber die gibt es in allen Sparten. Man denke nur an die Politik!

Channeling ist leicht. Theoretisch kann es jeder. Praktisch nicht. Um sicher zu sein, daß man wirklich höhere Ebenen kanalisiert und nicht das eigene Unterbewußtsein, die eigene Fantasie, irgendwelche jenseitigen Schlaumeier oder Foppgeister, sollte man – es sei denn, man ist ein Naturtalent – eine spirituelle Schulung absolvieren und auf dem Wege der Meditation bewußten und einigermaßen klaren Zugang zu höheren Ebenen gefunden haben. Man muß ferner bei sich selbst sehr klar unterscheiden können, was Wahrheit und was Fantasie ist, also ein zumindest sich selbst gegenüber ehrlicher Mensch sein. Man muß in der Lage sein, sein persönliches Bewußtsein mit den dazugehörigen egoistischen Motiven auszuschalten oder zur Seite zu stellen (weil Channeling sonst nicht funktioniert); man muß sich tief entspannen können; man muß Denk- und Formulierungsvermögen besitzen, damit man die Botschaften in verständliche Worte übersetzen kann und, last not least, die Gabe selbst. Sicher ist theoretisch jeder Mensch in der Lage, Klavier zu spielen; aber wie viele besitzen Talent?

Soviel zum Mediumsein. Nun was den Zuhörer, Leser, den Empfänger und, pardon, die Empfängerin der Botschaft betrifft: Auch für diesen Job braucht es Talent. Bei einem Channeling reicht es nicht, irgendwie zuzuhören, irgend etwas zu fragen und irgendwie mit der kanalisierten Quelle zu plaudern. Damit ein vernünftiges Channeling – also eine Sitzung, in der das Medium für Sie eine Botschaft von Ihrem höheren Selbst kanalisiert – zustande kommen kann, müssen Sie genau wissen, was Sie wünschen: Wollen Sie wirklich die Wahrheit erfahren? Oder möchten Sie etwas Angenehmes hören? Oder etwas Interessantes? Oder etwas Schmeichelhaftes? Sie wollen wirklich die Wahrheit hören: Das ist eine gute Voraussetzung für ein echtes Channeling. Dann: Können Sie zuhören? Es erfordert eine andere Art von Zuhören als das gewöhnliche, oberflächliche, oft nur scheinbare Zuhören, das wir uns alle angewöhnt haben. Zuhören heißt nicht: bei jedem Satz, den man hört, im Geist die eigene Antwort vorbereiten, mögliche Einwände formulieren oder an die nächste Frage denken. Zuhören heißt ganz und

gar zuhören, die Worte aufnehmen, als ginge es um das eigene Leben. Tatsächlich geht es bei jedem echten Channeling um Ihr Leben.
Beim Channeling für Gruppen, für größeres Publikum oder zum Zwecke des Zustandekommens von Büchern gilt Ähnliches: Die während der Sitzung unmittelbar Anwesenden repräsentieren sozusagen das ganze Volk, die Leserschaft, die Zielgruppe; sie müssen großes, nach Möglichkeit begeistertes Interesse für das Thema aufbringen; ferner ein starkes Motiv für ihre Teilnahme – beispielsweise den Wunsch, dazu zu verhelfen, daß mehr Licht in das Denken der Menschen kommt oder dergleichen; sie müssen zuhören können und dürfen sich in ihren Gedanken nicht ablenken lassen, da für eine sensitive Person im Bewußtseinszustand des Channeling (im allgemeinen leichte Trance, sogenannte Wachtrance) abweichende Gedanken von Anwesenden so ähnlich stören, wie der Lärm von Geräten bei der Konzentration auf eine geistige Arbeit stören kann.
Ähnliches gilt auch für das Lesen von »gechannelten« Büchern – ebenso wie für das Lesen von sonstigen inspirierten und inspirierenden Texten. Ist beim Lesen nur der kritische Verstand eingeschaltet und nicht das Herz, so kann man das Buch gleich zur Seite legen. Es wird einem nichts bringen. Man muß mit dem Herzen bei der Sache sein, mit seiner Sehnsucht nach Wissen, nach Wahrheit, wenn man wirklich von der Lektüre profitieren will.
Und trotzdem darf die kritische Instanz im eigenen Innern nicht kaltgestellt werden. Es ist nicht der Intellekt; er ist ungeeignet für dieses Amt. Es ist die Intuition. Wir alle kennen die Wahrheit tief in unserem Innern, in unbewußten Zonen unserer Psyche, denn sie ist die Grundlage unserer Existenz, wir entspringen ihr. Deshalb erkennen wir sie wieder, wenn sie uns in irgendeiner Gestalt begegnet. So kommt es, daß »gechannelte« Botschaften ebenso wie die Aussprüche wahrhaft inspirierter Weisheitslehrer uns oft zutiefst plausibel sind, irgendwie vertraut, obwohl wir vielleicht »selbst nicht darauf gekommen wären«.

Je höher die Ebene, desto grundsätzlicher, desto weitreichender, desto archetypischer werden die Wissens-, Denk- und Erlebensinhalte. Wenn Sie wissen möchten, ob Sie Ihre Großmutter in Miami beerben werden, so sollten Sie keinen »Channel« und nicht Ihr höheres Selbst befragen, sondern (wenn nicht die alte Dame selbst) einen Hellseher – einen, der »horizontal« sehen kann, innerhalb unserer Raum-Zeit-Ebene. Wer etwas über Grashalme wissen möchte, muß sich in den Niederungen aufhalten, wo die Grashalme wachsen. Wer die großen Zusammenhänge erkennen will – geographische, meteorologische –, muß auf einen Gipfel klettern.

Unser alltägliches Normalbewußtsein – das, was wir als normal empfinden, versteht sich – ist spezialisiert auf das Hantieren mit Gegenständen in der physischen Welt, auf das Erleben von Körperlichkeit, auf das Analysieren von Gegebenheiten aus der Perspektive seines Standpunktes in Raum und Zeit. Das ist seine Aufgabe. Sie ist keineswegs unwichtiger oder gar unwürdiger als die höherer Schichten. Die höheren heißen nicht »höher«, weil sie etwas Besseres sind. Sie heißen »höher«, weil sie näher sind an demjenigen Pol unseres Seins und Wesens, den wir als allerhöchste Instanz betrachten; dem göttlichen Pol, das heißt dem Bewußtsein der Einheit, dem Bewußtsein ohne Brennpunkt, Bewußtsein-an-sich, grenzenlos, ewig, allgegenwärtig – »all« ist eigentlich zuviel gesagt, es ist einfach gegenwärtig, denn die Vorstellung von Raum, wie »all« sie impliziert, ist auch nur eine Art der Wahrnehmung und in diesem Sinne eine Illusion.

Stellen wir uns vor, daß wir an einem Pol begrenzt sind durch unseren Standpunkt in Raum und Zeit, am anderen unbegrenzt, universal, kosmisch – oder: am einen Ende Mensch, am anderen Gott. Ist nicht das, was in mir »ich« sagt, dasselbe, was in Ihnen »ich« sagt und in allen anderen Wesen? Prüfen Sie es nach. Halten Sie einen Augenblick inne. Dieses eine »Ich in allen« ist das Ich mit dem großen »I« – was manche umständlich die »ICH-BIN-Gegenwart« nennen. Hier an unserem, dem anderen Ende ist das »ich« mit dem kleinen »i«. Sind das zwei verschiedene Ichs? Das ist ein Koan.

Jedenfalls: Das höhere Selbst, man könnte auch sagen »höhere Ich« ist eine Etappe zwischen diesen beiden Polen. So ungefähr kann man es erklären. Wie alle Erklärungen auf diesem Gebiet dient sie nur zur Befriedigung des Verstandes und ist ansonsten unnütz. Man muß es fühlen, man muß es erleben, man muß eintauchen in diese Realität, dann *weiß* man. Dann wird man auch wieder versuchen, es zu erklären, und vielleicht wird Ihre Erklärung anders ausfallen als meine, aber Sie und ich werden wissen, daß wir dasselbe meinen. Es

ist auch etwas Kreatives und auch etwas Erheiterndes an den vielen Erklärungen.
Gott versucht sich selbst durch uns zu erkennen, sagen Mystiker.
Jetzt wollen wir zur Abwechslung einmal, anstatt weiter zu spekulieren, gescheit daherzureden und Unerklärliches zu erklären, die höhere Ebene, um die herum wir hier unser Seemannsgarn spinnen, selbst zu Wort kommen lassen, oder vielmehr eine der höheren Ebenen, mit der wir per Channeling in Kontakt treten können.

»ICH BIN,
und nichts ist außer Mir.
Verstehst du das,
verstehst du alles.
Verstehst du es nicht,
verstehst du nichts.
Jedes andere Verstehen
ist Kinderverstand.
Siehe, fühle, schmecke, rieche:
Ich bin.
Was du fühlst,
bin Ich.
Das, was fühlt,
bin Ich.
Aber Ich fühle nicht –
Ich bin.
Wer fühlt,
das bist du.
Wer ist,
das bin Ich.
Verstehe!
Nichts anderes lohnt sich
zu verstehen.«

Ist das Dichtung oder Wahrheit? Entscheiden Sie selbst. Es ist soeben entstanden, an der Schreibmaschine, es wurde mir diktiert. Es sind Aussagen ähnlicher Dichte und Qualität, also von der gleichen Ebene, wie sie in »Mein Buch der Wunder« zu finden sind.
Die Ebene, die ich üblicherweise kanalisiere, hört sich anders an. Ich

weiß nicht, ob ich jetzt, unmittelbar nach der eben erhaltenen Botschaft, für ein und denselben Text auch eine Durchgabe von dieser Ebene erhalten kann. Ich will es versuchen. Ich halte inne, schließe die Augen, wische meinen Geist leer und bitte um eine Durchgabe, die uns hilft, Licht in das Dunkel zu bringen, das unseren Verstand umnachtet, wenn es um das Erfassen des Lebens und des Bewußtseins geht.

»Nicht umnachtet ist euer Verstand; der Ausdruck ist nicht glücklich gewählt, es schwingt Sarkasmus mit. Verurteilt euch nicht dafür, daß ihr nicht mehr wißt, als ihr wißt. Verurteilst du ein dreijähriges Kind dafür, daß es nicht lesen kann? Sicher nicht. Und andererseits: Hältst du ein dreijähriges Kind für weniger wert als dich selbst? Euer Verstehen ist wichtig. Es ist, wie es ist, daran gibt es nichts zu beurteilen. Jedes Verstehen ist einmalig, auch wenn die Resultate der Erkenntnis, wenn sie erst einmal formuliert sind, manchmal Ähnlichkeiten aufweisen oder fast identisch sind.
Ihr dürft das Abfallprodukt der Erkenntnis – die formulierten Resultate – nicht mit der Erkenntnis selbst verwechseln. Die Erkenntnis selbst ist immer gleich, ihrem Inhalt nach, bei allen Menschen, denn Erkenntnis ist Erfassen der Wahrheit, und Wahrheit ist Wahrheit. Es gibt nur eine. Aber das Erkennen ist bei jedem Menschen verschieden. Der Vorgang des Erkennens, die Form des Erkennens, die Art des individuellen Erlebens. Das ist es, was verschieden ist, und wie spannend ist diese Verschiedenheit! Stellt euch nur den großen Pool des einen und einzigen Bewußtseins vor – das göttliche Bewußtsein, das kosmische Bewußtsein –, wie er bebt und vibriert vor Begeisterung beim Aufflammen all dieser verschiedenen Erkenntnisvorgänge; all diese Ahas, all diese Lichter, die angehen, all diese Blumen, die sich öffnen... Erkenntnis ist Ekstase. Erkenntnis ist Liebe! Warum ist Erkenntnis Liebe? Stellt euch vor: Es gibt nur *eins*. Es gibt nicht zwei und nicht vieles, es gibt nur eins. Dieses Eine ist die allem zugrundeliegende, ungeteilte und unteilbare Realität. Es gibt nur *eine* Intelligenz, *ein* Bewußtsein, *ein* Sein. Es manifestiert sich in unendlich vielfältiger Form. Stellt euch vor: Unendlich vielfältig! In jedem Erkennen entdeckt es etwas von sich selbst – als etwas Anderes. Das ist Liebe! Und umgekehrt: Jedesmal, wenn Eines ein Anderes liebt oder sich in ein Anderes verliebt, erkennt es

etwas von sich selbst! So ist Liebe Erkenntnis und Erkenntnis Liebe. (Das reicht. Jetzt kannst du weiter fabulieren. Allerdings erlauben wir uns, auch dabei ein wenig zu assistieren. Aber du mußt wieder die Federführung übernehmen.)«

Soweit der »gechannelte« Text. Sehen Sie: Er floß blitzschnell ohne Unterbrechung und ohne Überlegung aus dem Nichts durch Hirn und Hände in die Schreibmaschine. Ich habe mich nur empfänglich gemacht. Trotzdem, wie gesagt: Probieren Sie es selbst lieber nicht aus, außer wenn Sie Übung im Umgang mit höheren Ebenen haben. Und wenn Sie es tatsächlich ausprobieren möchten, dann besorgen Sie sich bitte unbedingt einen Kompaß für Wahrheit. Das ist ungeheuer wichtig. Ein Kompaß für Wahrheit ist ein Wesen, das für Sie unbestechlich, rein, klar und kristallnüchtern Wahrheit verkörpert. Kennen Sie jemanden, in dessen Gegenwart Sie niemals lügen könnten? Das ist Ihr Kompaß. Stellen Sie diesen Menschen im Geist vor sich, wenn Sie »channeln«. Das hilft Ihnen, streng bei der Wahrheit zu bleiben und nicht ins Fantasieren zu geraten.
Manche Autoren geben Anweisungen, wie man es lernen kann, mit höheren Ebenen in Kontakt zu kommen, manche unterrichten sogar im Channeling. Kathleen van de Kieft schreibt in ihrem Channeling-Handbuch »Die innere Quelle« einiges Hilfreiche und Interessante darüber. Ich zitiere:

»Channeling ist das Anzapfen eines unbegrenzten Spektrums des eigenen Selbst. Es ist eine natürliche menschliche Fähigkeit, mit der eine Form höheren Wissens angezapft wird, die jedem von uns verfügbar ist. Durch diese ›Innere Quelle‹ haben wir alle die Fähigkeit, die Wahrheit zu erkennen. Die Fähigkeit, eine höhere Wahrheit zu spüren und zu wissen, liegt latent in uns allen.
Channeling erfordert gezielte Konzentration, die sich am besten in der Stille des Selbst entwickelt. Fast ohne Ausnahme meditieren all jene, die channeln, regelmäßig. Der Versuch, ohne Entwicklung einer meditativen Fähigkeit zu channeln, gleicht dem Versuch, mit einer Person zu plaudern, die man nie zuvor getroffen hat. Sie können es natürlich versuchen, aber erwarten Sie keine genauen Ergebnisse! Sie werden wahrscheinlich Ihr Unterbewußtsein anzapfen und nicht das Überbewußtsein…«

Trotzdem rate ich zur Vorsicht. Trance-Channeling oder automatisches Schreiben sollte nur betreiben, wer den unbezwinglichen Wunsch danach verspürt, diese Gabe, deren Vorhandensein in ihm offensichtlich ist, zu nutzen, indem er sie in den Dienst anderer stellt. Ansonsten kann es eine verwirrende und unbekömmliche Angelegenheit sein. Es kann überdies sehr anstrengend sein, wenn man kein kräftiges, gut genährtes physisches Instrument besitzt und/ oder nicht geschult ist im Hantieren mit Energien; es kann einen in entsetzliche Selbstzweifel stürzen; man kann darüber verrückt werden; es stellt viele Fallen. Wer für sich selbst etwas gewinnen möchte – mehr Klarheit, mehr Wahrheit, mehr Wissen, mehr Liebe, mehr was auch immer –, der sollte sich nicht auf Channeln verlegen, sondern aufs Meditieren und auf die strengste, nüchternste Selbsterforschung. Zum Channeln kann ich wirklich nur dann raten, wenn klar erkennbar die Gabe vorhanden ist und nach Ausübung schreit.
Auch das »innere Channeling« (das heißt Channeling allein und für sich selbst betrieben) kann Anlaß zu größter Verwirrung sein. Denn wer traut sich schon selbst? In dem Augenblick, in dem ich die Botschaft empfange, weiß ich, daß sie wahr ist; schon eine Minute später befällt mich Zweifel, und so bin ich hinterher verwirrter als zuvor. So sollte es nicht sein. Wer das vermeiden will, sollte mit dergleichen nicht anfangen, bis er nicht ein gutes Stück auf dem Weg der Selbsterforschung und der Meditation gegangen ist. Man kann sonst wirklich verrückt werden. Obendrein wird man sehr schnell von seiner Mitwelt für verrückt gehalten, wenn man über diese Dinge redet.

»Meister« oder »Heilige«
besitzen die andere Hälfte zu dem, was Dichter und Channels besitzen. Ihnen fällt nicht nur aus dem Dunkel – oder dem Nebel – Inspiration zu, sie *sehen* klar, was Channels und Dichter nur ahnen; sie verkünden außerdem das Wissen nicht nur, sie leben es, und erst indem sie es leben, wird es wirkliches, nämlich verwirklichtes Wissen, und das ist ja wohl das, wonach die ganze Schöpfung strebt. »Die schreiben nie Lieder, die sind Melodie«, dichtete Konstantin Wecker; manche von ihnen sind Melodie *und* schreiben Lieder; das sind die Lehrer unter ihnen; andere sind nur Melodie – das sind die

Heiligen; wieder andere sind Schweigen jenseits aller Lieder und Melodien, wie die großen Rishis.

Unerreichbare Höhen für unsereinen? Wieso denn? Wer sich nicht bannen läßt in die noch-nicht-einmal dreidimensionale, flache, seichte, banale Welt des alltäglichen Lebens und Fernsehens, wer überhaupt Alltag und Fernsehen weitgehend aus seinem Leben verbannt und statt dessen der Natur lauscht, das Schweigen lernt, sich mit den Sternen verbindet und verbündet (ich meine das wörtlich!), das Wunder des inneren Lebens erforscht, wer das physische Leben mit den Möglichkeiten der fünf Sinne wirklich ausschöpft und auskostet, wer sein Herz öffnet, wer Schönheit sucht und Schönheit zu leben versucht, wer zuhören lernt, anstatt zu reden, annehmen, anstatt abzublocken, wer immer wieder verzeihen lernt, vor allem auch sich selbst – ach, diese Litanei ließe sich endlos fortsetzen! –, jedenfalls: dem sind weitaus höhere Höhen erreichbar, als man es sich für gewöhnlich träumen läßt. Versuchen Sie es. Jetzt gleich, bevor die Begeisterung nachläßt.

Allein das Wunder des Atmens! »Die Ekstase des Atmens, die lebenerhöhende, genießen!« dichtete Prentice Mulford. Schon das Atmen allein, das volle Genießen eines jeden Atemzuges, bringt Leben, Liebe, Kraft, Erleuchtung, Ekstase. Probieren Sie es! Es gibt so viele Arten zu atmen. Eine davon ist, den Atem natürlich fließen zu lassen und sich jedes einzelnen Atemzuges genauestens bewußt zu sein. Die Aufmerksamkeit sozusagen streng bei Fuß des Atems zu halten. Man kann das Atmen aber auch bewußt verlängern oder vertiefen; man kann durch obere Bereiche der Nase einatmen oder eher durch hintere oder untere; man kann kräftig atmen oder hauchfein und geräuschlos; man kann mit dem Mund atmen; kann durch die Nase ein- und durch den Mund ausatmen oder umgekehrt; man kann mit der Haut, ja mit dem ganzen Körper atmen; man kann sich vollpumpen mit Energie und Lebenslust beim Einatmen, wenn man den richtigen Trick herausgefunden hat; man kann Dampf ablassen beim seufzenden oder stoßweisen Ausatmen; man kann sich mit dem Atem verbreitern bis in den Kosmos hinein (das ist natürlich nur ein Ausdruck, wir sind ja sowieso im Kosmos!) oder sich zusammenziehen auf weniger als Erbsengröße. Der Atem ist ein Schlüssel. Zu was? Zu allem. Auch zu den höheren Ebenen. Alle Eingeweihten wissen das. Aber man braucht nicht eingeweiht zu sein, um zu atmen. Man muß es einfach tun und sich in dieses Tun versenken – »hemmungslos versenken«, wie Prentice Mulford sagte.

Überhaupt das Versenken: Das ist der Generalschlüssel, sozusagen das Passepartout. Versenken Sie sich in das, was Sie gerade tun! Hemmungslos! Versenken Sie sich in das, was Sie gerade denken! Versenken Sie sich in das, was Sie wünschen! Versenken Sie sich in eine x-beliebige Stimmung! Absichtlich! Sie werden sehen, es ist ganz leicht. Versenken Sie sich in Begegnung! Versenken Sie sich in Liebe! Versenken Sie sich in sich selbst! In was auch immer Sie wollen! Vielleicht gewinnt man allein dadurch noch keine höheren Dimensionen dazu – obwohl ich sogar das glaube –, aber man gewinnt die, innerhalb derer wir leben, ganz. Anstatt so zu leben, daß man vom Leben nur die Oberfläche berührt und ansonsten nicht viel mitbekommt, weil man andauernd Lärm macht mit seinen Gedanken! Und mit seinen Worten! Mit seinen Sorgen! Befürchtungen! Ärgernissen! Wobei man von der großen weiten Welt, der »ehrfurchtgebietenden, geheimnisvollen«, wie Castanedas Schamane Don Juan sagte, nichts mitbekommt, weil man gefangen ist in den vier Wänden der kleinen Welt, die man um sich herum gesponnen hat! Und die womöglich niemals entstaubt und entrümpelt wird! Und auch die anderen, die anderen lernen wir nie kennen, weil wir uns nur für uns selbst interessieren! Wer interessiert sich schon wirklich für andere? Für das, was andere bewegt? Wer hat schon versucht, sich in das Bewußtsein eines anderen hineinzuversetzen? In sein Herz? Wer fühlt wirklich mit?

All das eröffnet dem Leben und dem Erkennen neue Dimensionen, und das hat viel zu tun mit den höheren Ebenen, von denen wir hier reden. Die »höheren« öffnen sich leichter, wenn wir unser Herz öffnen. Sie können zu uns sprechen, wenn wir lernen zuzuhören. Sie antworten, wenn wir zu fragen gelernt haben. Die höheren Ebenen können wir berühren mit unserem Sein und Bewußtsein, wenn wir die unseren mit unserem Sein und Bewußtsein voll und ganz ausfüllen; wir wachsen dann ganz von selbst in die höheren hinein, wir brauchen sie nicht mehr zu kanalisieren, weil wir es selber *sind*. Da beginnt die Sphäre der Meister.

Außer den Meistern, den Heiligen, den höheren Selbsten (schon in diesem unmöglichen Plural steckt das Wissen, daß es eigentlich überhaupt nur ein Selbst gibt) gibt es auch noch Engel. Das geht Ihnen nun doch zu weit? Sachte. Denken Sie sich statt dieser altmodischen Bezeichnung eine andere. Denken Sie sich »Bewußtseinsentitäten« (klingt das glaubwürdiger?), »Wesenheiten« oder »Ebenen des Seins«, die viel näher am Absoluten sind, an der Quelle allen Seins – der schöpferischen, intelligenten – als wir (als das, was wir als »wir« betrachten jedenfalls). Umfassendere, irgendwie archetypischere, höhere Wesen, strahlend, rein, jenseits aller Begrenzungen und daher nicht getrübt durch persönliche Gefühle und egoistische Bestrebungen, nicht eingeengt durch einen Standpunkt, noch ganz durchstrahlt vom Licht der Wahrheit, so erhaben, rein und schön wie der schneebedeckte Gipfel des Montblanc, des Fudjijama, des Mount Everest. Auch Ihr Bewußtsein hat teil an dieser Ebene; Sie müssen irgendwie Ihr Gewahrsein dort hinaufkatapultieren lassen (das kann man nicht tun, aber man kann es irgendwie anstiften). Anders gesagt: Auch Sie sind ein Engel – in einer anderen Abteilung Ihres Seins als der, in der sich Ihr Wachbewußtsein gewöhnlich aufhält.

Manchmal melden sich solche »Engel« zu Wort. Das eindrucksvollste Zeugnis ihrer Existenz stammt aus den letzten Jahren des Zweiten Weltkriegs, der schrecklichsten, finstersten Zeit, die die Erde je gesehen hat. Mitten in dieser Zeit empfing eine Gruppe von vier Ungarn Botschaften von Engeln, die von strahlender, unerbittlicher, gläserner Klarheit waren, eigenartig kompakt formuliert, völlig jenseits unserer Art von Emotion und dennoch von hoher, höchster Emotion getragen. Ich gebe einige Beispiele.

»Wir sind aus Glauben.
Wer glaubt – dem sind wir.
Glaubst du, daß ich eine Stimme habe –
so kann ich sprechen.
Glaubst du es nicht –
so bin ich stumm.
Der Glaube ist SEINE Kraft.«

»Nur auf dem Gipfel deiner Fragen
findest du Antwort.«

»Die Freude ist die Luft der neuen Welt.«

»Das Maß ist erst voll,
wenn alles um euch sich freut.«

»Ich tanze im Takt,
ganz frei und nackt –
im Pulsschlag der Welt,
der alles erhält.«

»Wahres Gefühl ist unbewegt,
liebt alles und strahlt.
Die Sonne ist unbewegt und strahlt überall.«

»Was der Saft für die Pflanze –
ist für den Menschen die Lebenslust.
Sei immer voller Lebenslust!«

»Gehe deinen eigenen Weg!
Alles andere ist Irrweg.«

Die einzige Überlebende der Gruppe, die diese Botschaften empfing, Gitta Mallasz (sie starb kürzlich in hohem Alter), veröffentlichte die Texte. Das Buch ist unter dem Titel »Die Antwort der Engel« recht bekannt geworden. Es ist ungeheuerlich, wie groß die Spannweite ist zwischen der ekstatischen, leuchtenden Klarheit und der hohen Inspiration der Botschaften und dem Grauen der damals herrschenden Umstände. So groß, wenn nicht größer, ist die Spannweite des menschlichen Erlebens! Innerhalb dieser Spannweite gibt es viele Ebenen. Je nach Erkenntnis befindet sich unser Bewußtsein auf dieser oder jener Ebene. Je nach Erkenntnis leben wir im Himmel oder in der Hölle. Wobei »Himmel« und »Hölle« hier nicht die äußeren Umstände bezeichnen, sondern das innere Erleben. Die vier Empfänger der Engelbotschaften brachten, wie man von Gitta Mallasz selbst und anderen Zeugen weiß, an ihrem jeweiligen Platz – einschließlich Konzentrationslager – den Himmel in die Hölle.

»Den Himmel auf die Erde bringen«: Ich glaube, das ist es überhaupt, worum es bei alledem geht. Was wahre Channels und Poeten kanalisieren, das ist ein Stückchen Himmel – wenn wir das Gerede von »anderen Ebenen« und »höheren Selbsten« einmal zur

Seite schieben und mit einer Sprache reden, die unserer Seele näher ist.
Aber es reicht nicht, vom Himmel zu reden. Man muß ihn wirklich auf die Erde bringen. Um das tun zu können, muß man nicht nur ehrlich an sich arbeiten; man verliert leicht den Mut dabei. Nein, man muß immer wieder seine Seele in den Himmel fliegen lassen; man muß sich immer wieder erheben lassen, immer wieder die Flügel ausbreiten und eintauchen in die Grenzenlosigkeit, die erhabene Weite, Helligkeit, Klarheit und Reinheit des Himmels, um dann begeistert, aufgeladen, inspiriert aufs neue ans Werk zu gehen.
Das Werk sind wir selbst; so lehren es die Meister und Durchgaben aus höheren Gefilden: unser Leben und unsere Persönlichkeit. Leben wir ein schönes Leben, seien wir himmlisch inmitten der Hölle; dann haben wir ein gutes Werk getan. »Sei ein Licht, das für sich selbst leuchtet«, sagte der Buddha. Es sollen seine letzten Worte gewesen sein.
Die höheren Ebenen (ob sie nun personifiziert oder anonym erscheinen) können, wenn sie per Channeling zu uns sprechen, uns helfen zu erkennen. Erkennen aber können wir nur selbst, und vor allem: das Erkannte verwirklichen können wir nur selbst. Den Himmel auf die Erde bringen – das können nur wir, die wir auf der Erde leben, und zwar mit beiden Füßen.

Lieben Sie den Himmel? Sie meinen, es könnte langweilig sein, den ganzen Tag »Halleluja« singen zu müssen? Tun Sie es einmal! Ziehen Sie sich von der Welt zurück, und tun Sie einen ganzen Tag lang nichts als inbrünstig, hingebungsvoll, versunken »Halleluja« zu singen! Ich wette mit Ihnen, Sie werden so erstaunliche, aufregende, herrliche Dinge erleben, wie Sie sie noch nie erlebt haben. Aber abgesehen davon: Um den Himmel lieben zu können, muß man Wesen kennen, in denen sich der Himmel deutlicher spiegelt als in uns gewöhnlichen Sterblichen; große Menschen. Oder ganz kleine Kinder. Vielleicht auch Tiere. Sind nicht auch Tiere irgendwie himmlischer als wir?
Dem Himmel sei Dank dafür, daß es ihn gibt, daß es überhaupt höhere Ebenen gibt, die ab und zu in unser gewöhnliches Dasein hinüberschimmern. Immer wenn wir uns verlieben, sehen wir ein

Stück Himmel; das ist nicht kitschig gemeint. Wenn man sich verliebt, sieht man etwas vom himmlischen Wesen des anderen, und das ist so überwältigend, daß man begeistert ist und es immer wieder sehen möchte. Später verblaßt diese Begeisterung, das himmlische Gesicht entzieht sich unserer Wahrnehmung, wir entdecken das sterbliche. Wir glauben dann, wir hätten das wahre Wesen des anderen entdeckt (das gemein, niederträchtig, dumm, faul ist oder dergleichen). Tatsächlich haben wir das wahre Wesen *vergessen*. Würden wir immerzu von allem das wahre Wesen wahrnehmen, wir wären andauernd verliebt – in alles und jeden. Das ist der Normalzustand gottverliebter, ekstatischer Mystiker.

Immer wenn die »innere Stimme« in uns spricht, spricht eine andere Ebene des Seins. Seltsam: Es gibt Menschen, die an solche Ebenen nicht glauben und doch über Intuition verfügen. Wer nicht an eine Instanz in seinem Innern oder sonstwie im Universum glaubt, die allwissend ist, der sollte unbedingt die Existenz von Intuition und innerer Stimme leugnen. Am besten, er verdrängt sie, spricht nicht mehr davon, denkt nicht mehr daran und vor allem, folgt ihr nicht, wenn sie sich meldet.

Ich habe den Eindruck: Dort, wo die Intuition herkommt, dort liegt auch die Quelle meines »Channeling« und vieler der von anderen Channels übermittelten Informationen. Ich nenne dieses Wissen deshalb »intuitives Wissen«. Das ist natürlich wieder nur ein Wort, ein hingeworfener Brocken für unseren Intellekt. Aber immerhin!

Ich komme zum Schluß und lasse noch einmal die »Höheren« reden. Lesen Sie ihre Worte mit dem Herzen – nicht nur mit dem Verstand. Urteilen Sie erst dann, wenn Sie sie »im Herzen bewegt« haben, und am besten auch dann nicht. Bilden Sie sich lieber keine Meinung. Ich habe eigentlich auch keine, obwohl ich hier so viel geschrieben habe. Meinung engt nur ein. Ich schlage vor: Nehmen Sie einfach wahr, was Sie wahrnehmen; nehmen Sie an, was Ihnen taugt, und schieben Sie zur Seite, was nicht mit Ihrem Wesen kompatibel ist; aber verzichten Sie auf den Luxus einer Meinung. Sie stimmt ohnehin nie. Jede Meinung ist nur ein Standpunkt. Wie könnte man jemals von einem Standpunkt aus die ganze Wahrheit erfassen?

Auch wenn der folgende Text etwas fantastisch anmutet, so spiegelt er doch nur die Probleme wider, die wir mit allem haben, was das normale Bewußtsein übersteigt. Dem »aufgeklärten« Menschen scheint das, was hier gesagt wird, in den Bereich der Fabulierkunst zu gehören, für denjenigen dagegen, der sich schon länger mit dem »Außersinnlichen« beschäftigt, stellen diese Dinge nichts Ungewöhnliches dar, sie gehören sozusagen zum Alltag. Wir wollen hier weder die eine noch die andere Position verteidigen, sondern lediglich aufzeigen, daß es vermutlich doch mehr gibt, als es sich »unsere Schulweisheit träumen läßt«... Zugleich bietet der Text einen guten Einstieg in das Thema, das anschließend zu vertiefen ist.

Stuart Holroyd

Theorien aus der Vergangenheit

Es existieren Berichte, denen zufolge Geheimdienststellen der Vereinigten Staaten und der Sowjetunion seit Jahren miteinander wetteifern, Spionagetechniken zu entwickeln, die sich die Methoden des Übersinnlichen zunutze machen. Der Gedanke, die Astralprojektion dazu zu gebrauchen, das am stärksten gehütete Geheimnis des Feindes zu enthüllen, mag wie die Erfindung eines Zukunftsromans klingen; in Wirklichkeit aber kann man den Gedanken bis zur Bibel zurückverfolgen, wenn man einer bestimmten Auslegung Glauben schenkt. So soll im *Zweiten Buch der Könige* der Prophet Elisa seine übersinnlichen Kräfte genau zu dem Zwecke eingesetzt haben.

Syrien und Israel standen im Kriege miteinander. Immer wieder hatte der syrische König einen Punkt für einen Überraschungsangriff bestimmt, und jedesmal mußte er mit ansehen, daß die Israeliten ihr Heer an genau den Ort entsandt hatten und für eine Verteidigung wohlgerüstet waren. Da der König seine Pläne stets in der Abgeschlossenheit seines Schlafzimmers beschloß, tauchte in ihm der Verdacht auf, daß einer seiner vertraulichen Berater geheime Informationen an den Feind liefere. So rief er sie alle zum Verhör zusammen. Da trat einer von ihnen, der kühner war als die anderen, vor. Er stellte in Abrede, daß auch nur einer von ihnen verantwortlich sei für den Verrat am König; dafür bot er eine andere Theorie dar, die das Durchsickern der Nachrichten erklären sollte. Er berichtete ihnen von den sonderbaren übersinnlichen Kräften des Propheten Elisa und sagte dem König: »Elisa, der Prophet in Israel, saget alles dem Könige von Israel, was Du in der Kammer redest, da Dein Lager ist.«

Der syrische König scheint den Gedanken akzeptiert zu haben, daß ein Mann, der viele Meilen entfernt war, mittels geheimnisvoller oder magischer Kräfte die geheimen Pläne seiner tiefinnersten Beratungen entdecken konnte. Er beschloß, den Propheten gefangenzusetzen, und sandte ein großes Expeditionsheer aus, das die Stadt, in der der Prophet lebte, umzingeln sollte. Doch es erwies sich wiederum, daß er als Gegner Elisa nicht gewachsen war. Der Prophet betete zu Gott, und die syrischen Soldaten wurden mit Blindheit geschlagen. Elisa führte sie vor den König von Israel, gab ihnen ihr Augenlicht wieder, versorgte sie mit Essen und Trinken und schickte sie zurück nach Hause. Und so ist es vielleicht nicht verwunderlich, daß sie Israel nie wieder behelligten.

Die Geschichte des Elisa deutet die interessante Möglichkeit an, daß die übersinnlichen Kräfte schon in der Frühzeit zu Spionagezwekken genutzt wurden. Aber nicht alle derartigen Berichte, die aus der antiken Welt überliefert wurden, haben solch ein glückliches Ende. Ein warnendes Beispiel dafür ist die Geschichte des Hermotimus von Clasomene, eines griechischen Mystikers des 6. vorchristlichen Jahrhunderts. Besonders alle Astralreisenden sollten sich ihrer immer erinnern.

Hermotimus hatte die Angewohnheit, ganze Tage außerhalb seines Körpers zu verbringen und die materiellen wie auch die astralen Welten zu durchstreifen. Seinen physischen Körper hinterließ er stets in der Obhut seiner Frau, und wenn er zurückkehrte, erzählte er ihr alle seine Abenteuer. Seine Frau fand seine Geschichten mit der Zeit langweilig, und sie ärgerte sich zunehmend über seine langen Abwesenheiten; deshalb beschloß sie, ihm einen Schrecken einzujagen. Ehe er auf die Reise ging, hatte er immer betont, daß er Schwierigkeiten haben könnte, wieder in seinen physischen Körper zurückzukehren, wenn dieser auch nur ein wenig von der Stelle bewegt würde. So besorgte sie sich zwei Helfer, angeblich Freunde ihres Mannes, die seinen Körper in ein anderes Zimmer schafften. Die Frau des Hermotimus zweifelte nicht an der Fähigkeit ihres Mannes, wieder in seinen Körper zu schlüpfen; sie dachte sich nur, wenn sie es ihm diesmal etwas schwerer machte, so würde er es sich zweimal überlegen, ehe er sich zum nächsten Ausflug aufmachte. Was sie aber nicht wußte: die beiden angeblichen Freunde waren in Wirklichkeit Rivalen ihres Mannes in der Kunst der Magie. Und sie verbrannten seinen Körper einfach. Wie es hieß, schwebte der Geist des Hermotimus noch nach Jahren in seinem Haus und flehte jam-

mernd um die Wiederherstellung seines Körpers, um den man ihn betrogen hatte.
In den verschiedensten Teilen der Welt trifft man auf den Glauben, daß ein Mensch im Schlaf seinen Körper verlassen kann. Deshalb hält man es für gefährlich, einen Menschen ganz plötzlich aufzuwecken: der reisende Körper hat dann nämlich vielleicht keine Zeit mehr, in den physischen Körper zurückzukehren, und so bleiben beide dann auf Dauer getrennt.
Die Vorstellung, daß der Mensch mehr als einen Körper besitzt und daß die Physis nur eine der vielen Formen des Daseins ist, findet man in den alten Kulturen und Religionen der ganzen Welt. Lange vor dem Christentum glaubten die Menschen an die Wiederauferstehung des Fleisches nach dem Tode und an mystische Reisen des Geistes während des Lebens. Die Kirchenväter unternahmen einen Feldzug gegen alle Formen des heidnischen Aberglaubens, der heidnischen Magie, doch der uralte Glaube an Astralreisen galt nicht als ein Aberglaube. Der heilige Augustinus berichtet eine Geschichte, in der es um den Erwerb überprüfbarer Erkenntnisse geht, die durch außerkörperliche Erfahrung gewonnen wurden.
Ein Senator namens Curma war dem Tode nahe, und nach einigen Tagen im Koma trennte sich sein Geist von seinem Körper. Er hörte, wie sein Name gerufen wurde, und er dachte, man rufe ihn zum Totengericht. Aber von anderen Geistern erfuhr er, daß er noch am Leben war und daß nach einem ganz anderen Curma, einem soeben verstorbenen Goldschmied, gerufen wurde. Er bemerkte auch, daß nicht alle Wesen, die ihn umgaben, Geister von Toten waren; manche von ihnen gehörten nämlich zu Menschen, von denen er wußte, daß sie noch unter den Lebenden weilten. Wenn er selbst also nicht tot war, dann mußten sie und er in einer Art Zwischenreich zu Besuch sein. Schließlich kehrte er in seinen physischen Körper zurück, erwachte aus seinem Koma und schickte auf der Stelle jemand in das Haus des Goldschmieds Curma. Der Bote kehrte mit der Nachricht zurück, daß der Handwerker unlängst verstorben sei.
Der Gedanke, daß die Menschen über einen zweiten Körper verfügen, der gleichzeitig und neben dem physischen Körper existiert, von dem er sich aber während des Lebens trennen kann – besonders im Schlaf oder in Zuständen der Trance – und den er nach dem Tode überlebt, dieser Gedanke entstand schon sehr früh und fand

weite Verbreitung. Er beruht auf dem Glauben, daß alles auf Erden über eine weitere Wirklichkeit verfügt, die unabhängig ist von der Wirklichkeit, die sich unseren Sinnen darbietet. Diesem Glauben zufolge gibt es eine andere Welt, die unsichtbar und unberührbar, doch darum nicht weniger wirklich ist und die sich jenseits der Welt befindet, die wir sehen und berühren können. Nichts ist, was es scheint. Bäume, Berge, Steine, Pflanzen, Flüsse und Seen – alles ist von Geistern bewohnt. Die Sterne und die Planeten sind lebendige Wesen, die das Leben auf Erden beeinflussen, und die Welt ist voll von versteckten und geheimnisvollen Kräften und Wechselwirkungen. Die Quintessenz dieses Glaubens, den wir heute *Animismus* nennen, wurde bereits im 6. Jahrhundert vor Christi Geburt von Thales von Milet, einem der frühesten griechischen Philosophen, ausgesprochen. »Alles ist voll von Göttern«, heißt es bei ihm.

Dem wissenschaftlichen Geist des abendländischen 19. Jahrhunderts mußte eine solche Aussage wie reiner Unsinn vorkommen. Die moderne Wissenschaft basierte auf der Vorstellung von der Existenz einer objektiven physischen Welt einerseits, die ihre Geheimnisse der analysierenden und sezierenden Erforschung preisgab; andrerseits basierte sie auf dem Glauben, daß der Mensch mit seinem ausgebildeten Verstand und seinen hochentwickelten Werkzeugen gerüstet war, letztendliche Wahrheiten aufzuspüren. Die wissenschaftlichen Kriterien der Wirklichkeit waren klar. Alles existierte im dreidimensionalen Raum; alle Materie war eine Ansammlung unsichtbarer atomarer Teilchen, die die Masse ausmachten und von mechanischen Kräften kontrolliert wurden, die wiederum festen Gesetzen gehorchten; jedes Ereignis ist kausal an ein vergangenes Ereignis gekettet. Alles, was diesen Kriterien nicht entsprach, konnte unmöglich real sein. So verwarfen die Naturwissenschaften des 19. Jahrhunderts die antike animistische Weltanschauung als kindisch und einfältig.

In diesem Jahrhundert haben jedoch neue wissenschaftliche Erkenntnisse viele der Vorstellungen des 19. Jahrhunderts umgestoßen; damit erscheinen die frühen animistischen Gedanken nicht mehr ganz so lächerlich. Einstein hat den drei Dimensionen des Raumes die Zeit als vierte Dimension hinzugefügt, und die moderne Quantentheorie postuliert ein multidimensionales Universum. Es ist gezeigt worden, daß Masse nur auf der makroskopischen Ebene eine Form der Materie ist, und selbst dann kann man sie noch in Energie umwandeln. Auf der mikroskopischen Ebene verschwindet die Masse völlig, und die kleinsten Teilchen werden zu Wellen. Andere Teilchen scheinen alogische Eigenschaften zu besitzen wie zum Beispiel negative Masse, oder aber die Fähigkeit, sich zeitlich rückwärts zu bewegen. Auf dieser Mikro-Ebene kommt es ständig zu Ereignissen ohne Ursache; manchmal laufen die Wirkungen den Ursachen voraus; so verlieren die Gesetze der Mechanik ihre Gültigkeit und müssen von den mathematischen Gesetzen der Wahrscheinlichkeit ersetzt werden. So merkwürdig es scheinen mag, hat sich die Physik des 20. Jahrhunderts von der wissenschaftlichen Philosophie des 19. Jahrhunderts weit entfernt; in vielerlei Hinsicht scheint sie den animistischen Anschauungen der Antike nähergerückt zu sein. Die Wissenschaftler, die die Hierarchie lebender Organismen untersuchen, finden es immer schwieriger, jene Grenze zu bestimmen, von der sich mit Sicherheit sagen läßt, daß unter ihr kein Bewußtsein mehr existiert. Nichts ist genau das, was es scheint. Es scheint andere Dimensionen der Wirklichkeit zu geben, die den menschlichen Sinnen nicht zugänglich sind.

Sowjetische Wissenschaftler haben in den letzten Jahren die Energiefelder oder Auren erforscht, die die lebenden Organismen umgeben und von ihnen ausströmen. Mystiker und Spiritisten haben in allen Zeitaltern behauptet, die Aura, die den physischen Körper umgibt, erkennen zu können. Die modernen Techniken der Elektrophotographie haben diese Behauptungen erhärten können. Photographien haben die Tatsache bewiesen, daß ein zweiter Körper – von Wissenschaftlern oft bioplasmischer Körper oder Energiekörper genannt – in der Tat den physischen Körper umgibt. Und mehr als das: sie bestätigen uralte Theorien über die Aura. Der Grieche Plutarch beschrieb im 2. Jahrhundert nach Christi Geburt, wie verschiedene menschliche Auren verschiedenen physischen und psychologischen Zuständen entsprechen. Die sowjetischen Wissenschaftler fanden heraus, daß das Licht, das von einem lebenden Körper ausgeht, je nach dem Zustand des Menschen leuchtend hell, gedämpft, farbig oder farblos sein kann.

Ein weiteres unerwartetes Ergebnis der neuesten Erforschung der Aura ist die Tatsache, daß der menschliche Körper von bestimmten Punkten merkwürdige Lichtbündel aussendet; wie es scheint, entsprechen diese Punkte genau den Punkten, die in der alten chinesischen Technik der Akupunktur Verwendung finden. Akupunkteure glauben, daß der Körper von einem System unsichtbarer Meridiane durchzogen ist, in denen jene Lebenskraft fließt, die für die körperliche Gesundheit maßgeblich ist. Steckt man die Nadeln in bestimmte Punkte auf einem Meridian, so unterstützt das die Heilung von Leiden und Schmerzen in anderen Punkten des gleichen Meridians. Die Auswahl dieser Punkte erfordert großes Können. Akupunktur ist für die westliche Medizin ein rätselhaftes Phänomen, denn die Meridianlinien und -punkte entsprechen keinem physischen System im Körper. Man kann sie auch nicht mit dem Auge erblicken. Die Entdeckung, daß die Punkte mit den Lichtbündeln der menschlichen Aura zusammenfallen, verleiht jedoch jener Annahme größere Glaubwürdigkeit, die davon ausgeht, daß der Akupunkteur vielleicht den flüchtigen oder astralen Körper behandelt, um so den physischen Körper zu heilen.

Die Vorstellung von der Existenz des flüchtigen Körpers ist weitverbreitet, aber sie findet sich besonders in den Religionen des Ostens und in okkulten Glaubensformen. Man hält ihn für das ätherische und unsichtbare Gegenstück – oder auch das Doppel – des physischen Körpers. Er besteht, wie man glaubt, aus einem zähflüssigen Stoff und einem System von Ganglien; in dieser Form hält man ihn für unabhängig vom physischen Körper, mit dem er allerdings bestimmte Berührungspunkte hat. Im Yoga nennt man die Punkte, an denen der physische und der ätherische Körper zusammentreffen, die *chakras* oder Räder. Sie gelten als die psychischen Zentren übermenschlicher Energie. Es hat sich herausgestellt, daß die Punkte, an denen sich die *chakras* befinden sollen, auch mit den Lichtbündeln der Aura des Menschen zusammenfallen.

In der spiritistischen Medizin Brasiliens kommt es vor, daß man Operationen sowohl am physischen Körper als auch am ätherischen Körper – auch Lebensfeld genannt – durchführt. Bei den Operationen am Lebensfeld wird der physische Körper überhaupt nicht berührt. Guy Playfair, ein Engländer, der lange Jahre in Brasilien gelebt und die Phänomene des Übersinnlichen erforscht hat, war bei Operationen beider Typen zugegen. In seinem letzten Buch *The Flying Cow* (Die fliegende Kuh) beschreibt er das Werk des Schullehrers Edivaldo Silva, der im Verlauf von zehn Jahren in seiner Freizeit ungefähr 65000 Patienten mit Hilfe übersinnlicher Kräfte geheilt hat. Edivaldo erzählte Playfair, daß er während seiner Operationen in einem Zustand der Trance sei und sich später niemals an seine Patienten erinnere. Angeleitet wurde er bei seiner Arbeit durch die Geister mehrerer Ärzte, vor allem aber durch einen spanischsprechenden Geist namens Dr. Calazans.

Als Playfair Edivaldo bei einer Operation unter der Kontrolle von Dr. Calazans beobachtete, bemerkte er, daß Edivaldos Stimme und ganze Art anders waren als im Normalzustand. Gewöhnlich war Edivaldo zurückhaltend und sprach sehr leise; doch unter der Kontrolle des Dr. Calazans wurde er autoritär und schroff. Bei einer Operation, die Playfair beobachtete, war der Patient ein Mann von etwa 30 Jahren. Er lag mit aufgeknöpftem Hemd auf dem Tisch, so daß Brustkorb und Bauch frei waren. Edivaldo-Calazans vollführte mit seinen Händen Bewegungen in der Luft über dem Magen des Mannes; dabei sprach er ständig, als hielte er einen Vortrag vor Medizinstudenten. Zunächst verstand Playfair nur unzusammenhängende Satzfetzen wie »das ätherische Doppel trennen... vierte Dimension... das Plasma von den roten Blutkörperchen lösen«. Währenddessen bewegte Edivaldo-Calazans immer noch seine Hände. »Jetzt fühlt er, wie es sich öffnet«, sagte er. »Nicht nur im Geiste, sondern direkt im Körper, oberhalb des Magens... jetzt führen wir einen Schlauch ein, der als Abfluß dient.«

Nachdem die Operation beendet war, gab Edivaldo die Anordnung, der Patient solle 48 Stunden lang ausruhen; aber es stellte sich heraus, daß der Patient ganz alleine gekommen war und auch selbst wieder im Auto zurückkehren wollte. Edivaldo fand das sehr spaßig; er schickte ihn zum Ausruhen auf ein Bett, während er sich schon um den nächsten Patienten kümmerte. Und Playfair berichtet weiter: »Der Mann stieg steif vom Operationstisch und ließ sich auf das andere Bett fallen. Er sah benommen und schwach aus. Die ganze Operation war für meine Augen völlig unsichtbar vor sich gegangen, aber der Mann hatte offensichtlich etwas davon gefühlt. Der Mann begann zu stöhnen...« Und er hörte lange Zeit nicht auf, zu stöhnen und unverständliche, unzusammenhängende Selbstgespräche zu führen; zwischen zwei Operationen lenkte Edivaldo die Aufmerksamkeit des Beobachters auf ihn. »Sehen Sie, wie die Betäubung wirkt? Wissen Sie, wie man das nennt? Nein? Ein Schock ist das. Ein anaphylaktischer oder nachoperativer Schock.« Er befahl dem Mann, sich aufzurichten und Kaffee zu trinken; dann sagte er ihm, es würde ihm in kurzer Zeit wieder so gutgehen, daß er mit dem Taxi nach Hause fahren könnte.

Operationen am zweiten Körper, die den physischen Körper heilen, werden heutzutage von dem englischen Heiler George Chapman regelmäßig durchgeführt. Angeleitet wird er dabei von Dr. William Lang, einem hervorragenden Augenspezialisten, der 1937 starb. Der Journalist Bernard Hutton, der von Chapman von Kinderlähmung und drohender Erblindung geheilt wurde, hat darüber ein bemerkenswertes Buch geschrieben, *Healing Hands* (Heilende Hände). Er berichtet darin von zahlreichen Heilungen, die Lang angeblich durch Chapman bewirkt hat und bei denen der Heilende keinen physischen Kontakt mit dem Patienten hatte. Es mag sein, daß die Beweise für die Existenz der Heilung mittels des zweiten Körpers nicht völlig überzeugend sind; auf jeden Fall liegt reichliches Beweismaterial dafür vor.

Heilungen gehören auch zu den wichtigsten Aufgaben der Schamanen, der Zauberer-Priester, die es heute noch in Stammesgesellschaften von Australien bis zur Arktis gibt. Schamanen hält man für fähig, ihren Körper willkürlich zu verlassen und durch die wirkliche Welt oder die Regionen der Toten zu reisen. Sie behaupten, daß es Götter, Geister und Dämonen gibt, die allein ihren Kräften gehorchen. Außer daß er Kranke heilt, führt der Schamane auch die gemeinschaftlichen Opferfeiern an und geleitet die Seelen der Toten in die andere Welt. Professor Mircea Eliade, der ein wissenschaftliches Buch mit dem Titel *Schamanismus* geschrieben hat, ist der Meinung, daß der Schamane alles dies bewirken kann, weil er die Technik der Ekstase beherrscht, »will sagen, weil seine Seele unbeschadet seinen Körper verlassen und weite Entfernungen durchwandern, in die Unterwelt eindringen und bis an die Himmel vorstoßen kann. Durch seine eigene ekstatische Erfahrung kennt er die Wege der außerirdischen Regionen. Er kann hinab- und hinaufsteigen, weil er bereits dort gewesen ist. Die Gefahr, sich in diesen verbotenen Gefilden zu verirren, bleibt groß; doch durch seine Initiation geheiligt und von Schutzgeistern umhegt, ist der Schamane das einzige menschliche Wesen, das die Gefahr herausfordern und in eine mystische Geographie vorstoßen kann.«

Die »Techniken der Ekstase« sind in Wirklichkeit die Techniken der außerkörperlichen Projektion. Das Wort »Ekstase« bedeutet wörtlich »aus sich heraustreten«, und der Schamane erreicht diesen trance-ähnlichen Zustand durch Tanzen, Musik, Fasten, Meditation, Drogen oder Selbsthypnose. In manchen Stämmen gelingt dem Schamanen nicht nur die Heilung von Leiden, die – wie man glaubt – vom »Verlust der Seele« herrühren, sondern er wirkt auch als Hellseher und Wahrsager und verläßt seinen Körper, um sich auf die Suche nach verlorenen Dingen, Tieren und Menschen zu begeben. Schamanen gelten als fähig, weite Entfernungen in einem kurzen Augenblick zu überspringen, an zwei Orten zur gleichen Zeit zu sein und Orte zu besuchen, die den gewöhnlichen Sterblichen unzugänglich sind. Buddhistische Legenden erzählen von dem wundersamen See Anavatapa, und hinduistische Legenden erzählen von dem geheimnisvollen Nordland Svetadvipa. Beides sind Gebiete, die nur für jene erreichbar sind, die die Fähigkeit des magischen Fliegens beherrschen. Sagen über Besuche in der Unterwelt kennt sowohl die nordische als auch die griechische Mythologie; auch sie sind Ausdruck einer schamanistischen Tradition. Die Schamanen der Eskimos behaupten, phantastische Reisen unternehmen zu können, bei denen sie tagelang außerhalb ihres Körpers verweilen, um dann bei ihrer Rückkehr von Abenteuern in der Tiefe des Meeres oder der Sternenwelt zu erzählen. Während der Flüge bleiben ihre physischen Körper bewegungslos und anscheinend leblos in einem Zustand des Scheintodes zurück. Bei Eliade heißt es: »Als Vorsichtsmaßnahme lassen sie sich stets mit Stricken festbinden, damit sie nur ›im Geiste‹ reisen; sonst würden sie in den Himmel emporgehoben, um dann für immer zu verschwinden.«
Eine der wichtigsten Aufgaben des Schamanen ist es, die Seelen der Toten zu geleiten. Diese Rolle wird besonders im Lamaismus betont, der tibetanischen Form des Buddhismus. Das berühmte *Tibetanische Totenbuch* ist eine Art Führer durch die Welt des Jenseits; es rät der dahingeschiedenen Seele, welchen Weg sie einschlagen, welchen Weg sie meiden soll. Die »Wissenschaft vom Tode« ist in der tibetanischen Tradition eine vielschichtige Wissenschaft, und ein Sterbender benötigt den Beistand hocherfahrener Priester, damit die Trennung von Seele und physischem Körper auf richtige Weise gelingt. Der Priester überwacht den Rückzug des Bewußt-

seins im Sterbenden, indem er ihn seine Aufmerksamkeit der Reihe nach auf jede seiner körperlichen Funktionen und jeden seiner Sinne richten läßt, auf daß er sie bewußt auslösche. Er leitet die scheidende Seele zum Scheitelpunkt des Schädels, und im Augenblick des Todes ruft er die magische Silbe »Hik!«, damit sich im Schädel eine Öffnung auftut, durch welche die Seele scheiden kann. Wenn die Trennung der Ordnung gemäß vollzogen ist, singen die Priester rituelle Texte, um die Seele auf ihrem Wege weiterzuleiten.
Merkwürdigerweise haben Neurologen, die den Prozeß des Sterbens erforschen, herausgefunden, daß das Bewußtsein den physischen Körper nach und nach verläßt und sich schließlich in den vierten Ventrikel des Hirns zurückzieht. Dieser Ventrikel ist Teil eines Komplexes, der sich als erste innere Körperstruktur in einem Embryo bildet. Es ist, als ob die Seele sich auf dem Wege zurückzieht, auf dem sie kam. Darüber hinaus verliert der Körper in dem Augenblick, in dem das Bewußtsein letzten Endes den vierten Ventrikel verläßt, zwischen 14 g und 21 g an Körpergewicht. Dieses Phänomen ist seit sechzig Jahren bekannt, aber es ist nie geklärt worden, was da an körperlicher Substanz verlorengeht. Vielleicht aber wissen die tibetanischen Schamanen Dinge über den Tod, die die wissenschaftlichen Erkenntnisse des Abendlandes weit überragen.
In vier Büchern, die er seit 1968 veröffentlicht hat, zeigt der amerikanische Anthropologe Carlos Castaneda, der nach Mexiko zu einem indianischen Zauberer in die Lehre ging, daß die schamanistische Tradition auch heutzutage noch sehr lebendig ist. Selbst wenn seine Bücher bloße Erfindung wären, wie einige Kritiker meinen, so stellten sie doch immer noch eine glänzende und erfindungsreiche Beschwörung des Schamanismus dar; und so scheint es auch gar nicht zu unwahrscheinlich, daß der junge Anthropologe das große Glück hatte, in Don Juan und Don Genaro zwei echte zeitgenössische Schamanen kennenzulernen und von ihnen in ihr Vertrauen gezogen zu werden.
Gegen Ende seines ersten Buches *The Teachings of Don Juan* (Die Lehren des Don Juan) beschreibt Castaneda eine außerkörperliche Erfahrung und die sich daran anschließende Diskussion mit Don Juan. Don Juan hatte ihm erzählt, daß ein Zauberer Hunderte von Kilometern durch die Lüfte segeln kann, um die Geschehnisse zu überblicken oder einem Feind den tödlichen Schlag zu versetzen.

Nachdem Castaneda einen Trank zu sich genommen hatte, den Don Juan aus der Wurzel des Teufelskrauts gebraut hatte, erhob er sich in die Luft. Er sprang mit beiden Füßen rückwärts und glitt auf dem Rücken durch die Luft. »Ich sah den dunklen Himmel über mir und die Wolken, die an mir vorüberzogen. Ich beugte meinen Körper, um hinuntersehen zu können. Ich sah die dunkle Masse des Gebirges. Meine Geschwindigkeit war sehr hoch. Meine Arme waren fest gegen meine Seite gepreßt. Mein Kopf bestimmte die Richtung. Wenn ich ihn nach hinten gebeugt hielt, beschrieb ich senkrechte Kreise. Wenn ich den Kopf zur Seite drehte, veränderte ich die Richtung. Ich erlebte eine Freiheit und eine Geschwindigkeit, wie ich sie noch nie erfahren hatte.« Schließlich kam er wieder herab und landete in einer Landschaft, die – wie er bemerkte – eine halbe Meile von Don Juans Haus entfernt war. Er war völlig nackt, und es dämmerte bereits der Morgen. Er versuchte zu laufen, aber er tat sich die Füße an den Steinen der Straße weh. Er versteckte sich hinter einem Busch, als er sah, daß sich jemand auf der Straße näherte; als aber die Figur näherkam, erkannte er Don Juan, der ihm seine Kleidung brachte.

Die Erfahrung war von ungewöhnlicher Lebendigkeit und Wirklichkeit, aber war sie nicht eine Halluzination? »Bin ich wirklich geflogen, Don Juan? ... Ich meine, ist mein Körper geflogen? Bin ich wie ein Vogel in die Lüfte gestiegen?« fragte Castaneda. Don Juan antwortete darauf, daß das Teufelskraut zum Fliegen diente, und so wäre er natürlich geflogen; und wenn er mehr davon nehmen würde, dann würde er auch lernen, vollkommen fliegen zu können. Castaneda war damit nicht zufrieden. Er fragte, ob ein Freund ihn hätte fliegen sehen können. Das hinge von dem Freund ab, sagte Don Juan darauf. Gereizt fragte ihn Castaneda, was geschehen wäre, wenn er mit einer schweren Kette an einen Felsen geschmiedet gewesen wäre. Seine beharrlichen Fragen machten Don Juan stutzig, und er antwortete, daß er dann mit dem Felsen und der schweren Kette fliegen müßte. Er verstand Castanedas Problem und seine Beharren auf dem Wort »wirklich« nicht. Die Welt des Zauberers bestand aus vielen Ebenen der Wirklichkeit. Und deshalb sagte er seinem Lehrling: »Das Problem mit dir ist, daß du die Dinge nur auf eine Weise verstehst.«

Castaneda gab seine Lehre bei dem Zauberer nach einigen angsterregenden Erlebnissen, die ihn um seine Gesundheit und sein Leben fürchten ließen, auf; aber lange konnte er sich nicht von jener fremden Welt des Abenteuers und des Wissens fernhalten, die Don Juan ihm eröffnet hatte. Später lernte er auch Don Juans Freund und Mit-Zauberer kennen, Don Genaro, einen übersprudelnden alten Mann, der voller Streiche steckte und in dessen Gegenwart er stets »die ausgefallensten Sinnesverwirrungen erlebte«. Zu Beginn seines vierten Buches, *Tales of Power* (Erzählungen der Kraft) berichtet Castaneda von einem seiner unheimlichsten Erlebnisse. Unter der Anleitung Don Juans führte Castaneda Übungen zur Intensivierung der bildlichen Vorstellungskraft durch. Vor sein geistiges Auge berief er nacheinander die Bilder von 32 Personen. Als Abschluß gab ihm Don Juan die Aufgabe, Don Genaro herbeizurufen. Castaneda folgte der vorgeschriebenen Prozedur, und plötzlich stand Don Genaro in Lebensgröße vor ihm. Er sagte: »Du hast mich doch gerufen.« Daraufhin fragte Castaneda: »Wo bist du gewesen?« Er war sicher, daß die beiden alten Männer irgendeinen raffinierten Trick angewandt hatten, nur um ihn in Erstaunen zu setzen. Aber Don Genaro antwortete, daß er in seiner Heimat Hunderte von Kilometern entfernt gewesen sei, in Zentral-Mexiko, als Castaneda ihn gerufen hatte. Don Juan erklärte auf ganz selbstverständliche Art und Weise, daß »Genaro ein Mann des Wissens ist... Und als Mann des Wissens ist er durchaus fähig, sich über große Entfernungen hinweg zu bewegen«. Und er führte weiter aus, daß die vollendeten Zauberer die Fähigkeit besäßen, an zwei Orten zur gleichen Zeit zu sein. »Für einen Kämpfer wie Genaro war es kein außergewöhnliches Unterfangen, den anderen entstehen zu lassen.«

Castaneda war voller Fragen, die Don Juan geduldig beantwortete.

»Ist der andere wie das eigene Ich?«

»Der andere ist das Ich.«

»Woraus besteht der andere?«

»Es gibt keinen Weg, das zu erfahren.«

»Ist er wirklich oder nur eine Illusion?«

»Natürlich ist er wirklich.«

»Wäre es möglich zu sagen, daß er aus Fleisch und Blut besteht?«

»Nein. Das wäre nicht möglich.«
»Aber du mußt doch zugeben, Don Juan, daß man es auf irgendeinem Wege erfahren können muß.«
»Der andere ist das Ich; diese Erklärung sollte genügen. Wenn du aber *sehen* könntest, dann würdest du bemerken, daß ein großer Unterschied besteht zwischen Don Genaro und seinem Doppel. Für einen Zauberer, der *sieht*, ist das Doppel viel heller.«
Den Worten Don Juans zufolge war Castaneda in all den Jahren, seit er Don Genaro kennengelernt hatte, nur zweimal mit dem echten Don Genaro zusammen gewesen; sonst hatte es sich immer um sein Doppel gehandelt.
»Aber das ist doch absurd«, war Castanedas Reaktion.
Daraufhin antwortete ihm Don Juan: »Immer wieder habe ich dir gesagt, die Welt ist unergründlich. Und wir sind es auch, und jedes Wesen, das in dieser Welt existiert, ist genauso unergründlich. Daher ist es auch unmöglich, das Doppel zu ergründen. Es ist dir vergönnt gewesen, seine Anwesenheit zu bezeugen, und das sollte mehr als genug sein.«
Castanedas Staunen über seine Erfahrung, das berührbare und physische Doppel Don Genaros herbeigerufen zu haben, ist verständlich, ebenso seine Verwirrung über die Erklärung Don Juans. Seine Leser teilen zweifellos seine Verwirrung und seine Zweifel. Und doch sind die Berichte von Erscheinungen eines Doppelgängers in greifbarer körperlicher Form auf der ganzen Welt so verbreitet – und in vielen Fällen auch authentisch bezeugt –, daß dieses Phänomen, so unerklärlich es auch sein mag, ernst genommen werden muß. Solche Erzählungen finden sich sogar in den Annalen mancher Regierungen. So erschien zum Beispiel Dr. Mark Macdonnell, Mitglied des britischen Unterhauses, zu einer Abstimmung über eine wichtige Maßnahme als Doppel im Parlament, um seine Stimme abzugeben, während sein anderer Körper, von einer ernsten Krankheit heimgesucht, ans Bett gefesselt war. Ein anderes Mitglied des Hohen Hauses, Sir Carne Rasch, wurde 1908 von anderen Abgeordneten während einer wichtigen Diskussion im Parlament gesehen, während er mit Grippe im Bett lag. Charles Good, Mitglied der Gesetzgebenden Versammlung von Britisch-Kolumbien, wurde nicht nur von den anderen Abgeordneten gesehen, sondern sogar mit ihnen photographiert, als er im Januar 1865 ernsthaft erkrankt – womöglich sogar

im Koma – das Bett hütete. Politiker sind gewöhnlich nicht in der Kunst der Zauberei versiert – jedenfalls nicht in des Wortes eigentlicher Bedeutung –, und so würde man bei ihnen auch nicht gerade nach Anhängern der außerkörperlichen Projektion suchen. Deshalb kommen die Zeugnisse für die wirkliche Existenz des menschlichen Doppelgängers von ihnen doch unerwartet.

Die katholische Kirche hat die Bilokation, d.h. die gleichzeitige Anwesenheit an zwei Orten, und die Astralreise immer als möglich angesehen, allerdings immer mit dem Vorbehalt, daß nur Menschen von großer Heiligkeit fähig sind, diese Kräfte zu entwickeln. Solch ein Mensch war der heilige Antonius von Padua. Von ihm ist überliefert, daß er, während er 1226 in einer Kirche von Limoges predigte, sich plötzlich daran erinnerte, gleichzeitig bei einem Gottesdienst auf der anderen Seite der Stadt anwesend sein zu sollen. Er unterbrach seine Predigt, kniete nieder und zog sich seine Kapuze über den Kopf. In der Annahme, daß er bete, wartete die Gemeinde mehrere Minuten darauf, daß er mit der Predigt fortfahre. Währenddessen sahen die Mönche in der anderen Kirche, wie er unter ihnen erschien, hörten, wie er den ihm aufgetragenen Text im Gottesdienst las, und waren Zeugen seines plötzlichen Verschwindens. Sein Doppel kehrte in seinen eigentlichen Körper zurück, und die erste Predigt ging weiter.

An einem Herbsttag des Jahres 1774 kam der heilige Alphonsus Liguori nach einer Zeit des fünftägigen Fastens und der Trance wieder zu sich und berichtete den um ihn versammelten Brüdern, daß er seinen Körper verlassen und am Totenbett des Papstes Klemens XIV. seine Aufwartung gemacht hatte. Zu der Zeit war die Nachricht vom Tode des Papstes noch gar nicht in das Kloster gedrungen, denn Rom war eine Fünftagereise entfernt. Seine Aussage wurde später von Leuten bestätigt, die am Bett des sterbenden Papstes anwesend waren. Sie sagten, sie hätten ihn im Gebet versunken dort knien sehen.

Vielleicht sind die Erzählungen von den Heiligen Antonius und Alphonsus weiter nichts als Legenden; dagegen gibt es aber Menschen, die heute noch leben und die die Fähigkeit des Kapuzinermönches Padre Pio bezeugen können, aus dem Nirgendwo aufzutauchen und bedrängten Menschen zu helfen. Padre Pio verließ kaum jemals sein Kloster in der Nähe der italienischen Stadt Fog-

gia; aber sein fleißiges Doppel fand sich überall ein, um den Leuten zu helfen und sie zu heilen. Während des Ersten Weltkrieges wollte ein italienischer General nach einer Reihe von Niederlagen Selbstmord begehen, als ein Mönch sein Zelt betrat und sagte: »Was für eine dumme Tat!« und danach gleich wieder verschwand. Der General erfuhr von der Existenz des Padre Pio erst viel später; als er aber das Kloster in der Nähe von Foggia besuchte, erkannte er in ihm den Mönch, der in jenem kritischen Augenblick seines Lebens erschienen war und ihn gerettet hatte.
Während des Zweiten Weltkrieges sprang ein italienischer Pilot aus seinem brennenden Flugzeug ab. Sein Fallschirm versagte und öffnete sich nicht, aber auf wunderbare Weise kam er unverletzt auf der Erde an, und er kehrte mit einer ebenso wunderbaren Geschichte an seinen Stützpunkt zurück. Beim Fallen hatte ihn ein Mönch in seinen Armen aufgefangen und ihn sanft zur Erde hinabgetragen. Der Kommandierende Offizier hielt das für die Einwirkung eines Schocks und gab ihm Heimaturlaub. Als er seiner Mutter die Geschichte seiner Rettung erzählte, sagte sie: »Das war Padre Pio. Inbrünstig habe ich für dich zu ihm gebetet.« Dann zeigte sie ihm ein Bild des Priesters, und der junge Pilot erkannte: »Das ist derselbe Mann.« Er begab sich später auch nach Foggia, um dem Padre für sein Eingreifen zu danken. »Das war nicht das einzige Mal, daß ich dich gerettet habe«, sagte Padre Pio; »als dein Flugzeug in Monastir getroffen wurde, ließ ich es sicher zur Erde gleiten.« Darüber war der Pilot sehr verwundert, denn das Ereignis lag einige Zeit zurück, und auf normalem Wege hätte der Padre davon nicht erfahren können.
Zahlreiche andere Geschichten berichten von den erstaunlichen Bilokationen des Padre Pio; als Mann unseres Jahrhunderts übte er – angeregt durch seine Berufung zum Helfer und Heiler – seine paranormalen Fähigkeiten aus, deren Existenz alle Zeitalter und Kulturen der Welt bezeugen. Alles in allem erhärten die Zeugnisse den Nachweis der wirklichen Existenz des menschlichen Doppels, so verschieden man das Phänomen auch benannt hat: Astralleib, ätherischer, flüchtiger, bioplasmischer Körper oder Energiekörper. Es ist gewiß ein merkwürdiges Phänomen, aber doch auch ein gut bezeugtes, und, wie Don Juan es ausdrückte: »Die Welt ist unergründlich. Und wir sind es auch...«

Vom Bewußtsein zur Bewußtheit

Die unter dieser Überschrift zusammengefaßten Texte zeigen eine kleine Auswahl an Möglichkeiten, andere Bewußtseinszustände herbeizuführen. Auf diese Weise mag es gelingen, die Dinge hinter den Dingen zu schauen, die Welt hinter der Realität. Wenn wir hier zwischen Realität und Wirklichkeit unterscheiden, dann deshalb, weil Realität die sichtbare Totalität der Welt meint, während Wirklichkeit ein Geflecht darstellt – ein Verwobenes, Gewirktes, das über sich selbst hinaus wirkt. Wenn also von anderen Bewußtseinszuständen die Rede ist, hat man es keinesfalls mit Realität zu tun, sondern mit Wirklichkeit, welche die Realität beeinflußt.

Charles Tart

Bewußtseinszustände und Erleuchtung

Dieses Buch handelt von Erleuchtung und Bewußtseinszuständen, von Methoden zum Erreichen eines wichtigen Aspekts der Erleuchtung und insbesondere davon, warum wir unerleuchtet und im Zustand der Unwissenheit verbleiben.
Die Begriffe ›Bewußtseinszustand‹ und ›Erleuchtung‹ sind in unserer Kultur relativ neu. Obgleich heute persönliches Experimentieren mit veränderten Bewußtseinszuständen und der Wunsch nach Erleuchtung im Leben vieler Menschen der westlichen Welt eine wichtige Rolle spielen, sind die mit diesen Begriffen verbundenen Ideen nur selten klar. Sie sind sogar von einer unnötigen Mystifikation umgeben, die inneres Wachsen und Verstehen behindert. Deshalb werde ich in diesem Kapitel zu klären versuchen, was mit den Begriffen ›Bewußtseinszustand‹, ›veränderter Bewußtseinszustand‹ und ›Erleuchtung‹ gemeint ist. Daraus ergibt sich ein Überblick über unsere Möglichkeiten sowie ein Eindruck davon, was die vollständige Entfaltung unseres Potentials behindert. Letzteres wird im zweiten Teil dieses Buches wichtig, wo genau beschrieben wird, welche Faktoren der Erleuchtung hinderlich sind.
In diesem Kapitel werde ich mich mit drei zentralen Fragen beschäftigen: Was bedeutet der Begriff ›Erleuchtung‹? Was sind veränderte Bewußtseinszustände? Wie kann man veränderte Bewußtseinszustände für das Wachstum auf die Erleuchtung hin nutzen, beziehungsweise inwiefern sind diese Bewußtseinszustände Teil der Erleuchtung?

Zunächst wollen wir den Begriff ›Bewußtseinszustand‹ schärfer abgrenzen. Häufig bezeichnet er jeweils das, was man in einem bestimmten Augenblick erlebt. Allerdings ist diese weitgefaßte Verwendung nicht gerade besonders ergiebig. Wenn Sie beispielsweise einen Keks essen, befänden Sie sich im Bewußtseinszustand des ›Keksgeschmacks‹. Wenn Sie anschließend über ein finanzielles Problem nachdenken würden, befänden Sie sich im ›finanziellen‹ Bewußtseinszustand. So ist der Begriff zu weit gefaßt, als daß er noch nützlich sein könnte. Für den präzisen wissenschaftlichen Gebrauch schlug ich in *States of Consciousness* vor, den Begriff ›Bewußtseinszustand‹ für die fundamentaleren Modi deutlich unterscheidbarer Funktionsweisen des Geistes zu reservieren.

Ich könnte Sie beispielsweise fragen: »Erleben Sie zur Zeit einen nächtlichen Traum, in dem Sie träumen, daß Sie dieses Buch lesen?« Ich würde nicht erwarten, daß Sie mit Ja antworten. Zwar hebt hin und wieder jemand die Hand, wenn ich eine ähnliche Frage bei Vorträgen vor großen Auditorien stelle, doch geht es solchen Leuten eher um intellektuelles Geplänkel. Wenn ich dann nämlich frage, ob der Betreffende bereit sei, mit mir um fünfzig Dollar zu wetten, daß er innerhalb von fünf Minuten im heimischen Bett aus seinem Traum aufwache, gesteht er mit Sicherheit, natürlich wisse er, daß er nicht träume.

Wir unterscheiden also mit Hilfe unseres gesunden Menschenverstandes zwischen verschiedenen Bewußtseinszuständen. Gewöhnlich arbeiten unsere geistigen Funktionen nach einem Muster, das wir überprüfen und klassifizieren können. Wenn Sie das Funktionsmuster Ihres Geistes in diesem Augenblick untersuchen, so werden Sie kaum dasjenige finden, das man üblicherweise als ›Träumen‹ bezeichnet. Vielmehr erscheint es Ihnen als das Muster, das man als Wachzustand oder als gewöhnliches Bewußtsein bezeichnet. Der Unterschied zwischen diesen Bewußtseinszuständen ist ziemlich klar, und die große Mehrheit der Menschen kann das Träumen deutlich vom gewöhnlichen Wachzustand unterscheiden.

Um es noch weiter zu präzisieren: In meiner systematischen Abhandlung zum Verständnis veränderter Bewußtseinszustände habe ich einen ›diskreten* Bewußtseinszustand eines bestimmten Individuums‹ (individuelle Unterschiede sind hier sehr wichtig) als einzigartige *Konfiguration* oder einzigartiges *System* psychischer Strukturen oder Subsysteme bezeichnet. Die Teile oder Aspekte des Geistes, die wir zu analytischen Zwecken voneinander unterscheiden können (wie das Gedächtnis, die Bewertungsprozesse und die Funktion des Identitätssinns), sind zu einem bestimmten Muster *(pattern)* oder System arrangiert. Dieses Muster oder System ist der Bewußtseinszustand. Aus der Art des Musters und der Elemente, aus denen es besteht, ergibt sich, was man in dem betreffenden Zustand tun kann und was nicht. Im Traum kann man beispielsweise durch bloßes Wollen fliegen. Ich möchte zwar nicht behaupten, daß dies im gewöhnlichen Bewußtseinszustand völlig ausgeschlossen ist, aber leicht ist es sicher nicht.

Ein Bewußtseinszustand ist etwas Dynamisches. In Einzelheiten verändert er sich ständig, wobei das übergreifende Muster aber immer erkennbar bleibt. Der konkrete Inhalt der letzten hier von mir niedergeschriebenen Sätze hat sich beispielsweise von Gedanken zu Gedanken verändert, doch alle diese Gedanken sind offensichtlich Bestandteile eines Musters, das ich mein gewöhnliches Bewußtsein nenne.

Manchmal erinnert mich ein Bewußtseinszustand an einen Jongleur, der mehrere Bälle im Kreis durch die Luft wirbelt: Die Bälle sind ständig in Bewegung, doch das Muster, das sie bilden, bleibt kreisförmig.

Das Muster eines Bewußtseinszustandes bleibt aus gutem Grunde in einer sich verändernden Welt als Ganzheit bestehen. »Die Strukturen, die innerhalb eines diskreten Bewußtseinszustandes wirksam sind, bilden ein *System*, innerhalb dessen die Tätigkeit der Teile, der psychischen Strukturen, … einander durch Feedback-Kontrolle in ihrer Funktion stabilisieren, so daß das *System* (der diskrete Bewußtseinszustand) sein übergreifendes Funktionsmuster trotz Veränderungen in der Umgebung aufrechterhalten kann.«

Wenn ich in diesem Augenblick physisch in Ihrer Nähe wäre und plötzlich in die Hände klatschen würde, wären Sie sicher über-

* ›Diskret‹ wird hier im wissenschaftlichen Sinn in der Bedeutung von ›einzeln, einzigartig, von anderen (Zuständen) deutlich unterschieden‹ gebraucht.

rascht. Das wäre eine Veränderung in Ihrer Umgebung und in Ihrem momentanen inneren mentalen Funktionieren, aber wahrscheinlich würden Sie deshalb nicht plötzlich in eine Art ›Trance‹ verfallen, zur Erleuchtung gelangen, in Ohnmacht sinken oder ähnliches. Ihr Bewußtseinszustand bleibt als Ganzheit in einer sich verändernden Welt bestehen.

Ein Bewußtseinszustand ist dann ein ›veränderter Bewußtseinszustand‹, wenn er sich deutlich von einem Normalzustand *(baseline state of consciousness)* unterscheidet, der uns als Vergleichsmaßstab dient. Da als Vergleichsmaßstab meist das gewöhnliche Wachbewußtsein genommen wird, ist ein Bewußtseinszustand wie beispielsweise das nächtliche Träumen demzufolge ein veränderter Bewußtseinszustand. Andere wohlbekannte Beispiele für veränderte Bewußtseinszustände sind der Zustand der Hypnose, Zustände, die durch psychoaktive Drogen wie Alkohol hervorgerufen werden, Zustände, die bei starken Emotionen wie Wut, Panik, Depression und freudiger Erregung auftreten, und Zustände, die durch meditative Praktiken induziert werden.

Schon in meiner Kindheit interessierten mich veränderte Bewußtseinszustände. Soweit ich mich zurückerinnern kann, habe ich stets ein sehr wirklichkeitsnahes und lebhaftes Traumleben gehabt. Meine Eltern, die nach den Maßstäben unserer Gesellschaft ziemlich normal waren, lehrten mich, daß Träume nicht real seien und daß ich sie nicht beachten sollte; meine unmittelbare Erfahrung jedoch widersprach dieser typisch abendländischen Einstellung. Wie konnten andere Menschen nur derart reale Aspekte des Lebens unbeachtet lassen? Besonders eine Frage faszinierte mich: Im Traum konnte ich kraft eines bestimmten Willensaktes fliegen. Warum nur war ich im Wachzustand nicht auch zu diesem Willensakt fähig, so daß ich fliegen konnte?

Die Macht veränderter Bewußtseinszustände: Hypnose

Mein kindliches Interesse an Träumen war ein wichtiger Faktor unter den Gründen, die mich veranlaßten, den Beruf des Psychologen zu wählen, und viele meiner frühen Forschungsprojekte befaßten sich mit Träumen. Der veränderte Bewußtseinszustand jedoch, der

mich zu Anfang meiner Forscherlaufbahn am stärksten beeindruckte, war die Hypnose. Man kann an ihr gut die ungeheure Macht veränderter Bewußtseinszustände demonstrieren, das zu verändern, was wir als Realität wahrnehmen.
Zur Induktion einer Hypnose setzte ich mich mit einer Versuchsperson zusammen, die sich hypnotisieren lassen wollte. Wir waren beide allem Anschein nach normale Menschen. Unsere Augen sahen vermutlich den gleichen Raum, den auch andere sehen konnten; unsere Ohren hörten die üblichen realen Geräusche im Raum. Wir rochen auch die wirklich vorhandenen Gerüche und fühlten die Festigkeit der realen Objekte.
Dann fing ich an, mit der Versuchsperson zu reden. Wissenschaftler bezeichnen diese Art des Redens als ›hypnotische Induktion‹, aber im Grunde war es nichts weiter als Reden. Die Versuchsperson brauchte vor der Hypnose keine psychoaktiven Drogen einzunehmen, befand sich nicht in einer besonderen Umgebung, und auch an ihrem Gehirn wurde nicht extern manipuliert. Dennoch gelang es mir innerhalb von zwanzig Minuten, das gewohnte Universum der Versuchspersonen drastisch zu verändern.
Schon nach wenigen Worten konnte die Versuchsperson den Arm nicht mehr heben. Ein paar weitere Worte genügten, und sie hörte Stimmen, die gar nicht da waren. Noch ein paar Worte, und sie öffnete die Augen und sah etwas, das niemand außer ihr sah, oder bei entsprechender Suggestion war plötzlich ein reales Objekt, das direkt vor ihren Augen im Raum stand, für sie nicht mehr sichtbar.
Nach einer weiteren Suggestion hatte die Versuchsperson einen Traum, der stellenweise mindestens so lebendig war wie ein nächtlicher Traum. Wieder eine Suggestion, und sie vergaß die Gegenwart, war fünf Jahre alt und verhielt sich dementsprechend. Nach einer weiteren Suggestion konnte sie sich, wieder aus der Hypnose erwacht, nicht einmal mehr daran erinnern, was sie im hypnotisierten Zustand getan hatte.
Es war sogar möglich, ein so grundlegendes Gefühl wie Schmerz aufzuheben. Obwohl ich ihn oft miterlebt habe, fasziniert mich immer wieder ein Test, den wir *›anosmia to ammonia‹* (Geruchsunempfindlichkeit gegen Ammoniak) genannt haben. Ich suggeriere der Versuchsperson, sie könne nichts mehr riechen. Dann halte ich

ihr eine Flasche Haushaltsammoniak direkt unter die Nase und bitte sie, tief einzuatmen. Ammoniakgeruch ist nicht nur extrem stark, sondern verursacht auch ein äußerst schmerzliches Gefühl, als hätte man eine Flamme unter den Nasenlöchern. Gut hypnotisierbare Versuchspersonen atmen dann tief ein, während ich selbst innerlich zusammenzucke. Keine Reaktion. In den Augen bilden sich keine Tränen, und der Hypnotisierte wirft auch nicht unwillkürlich den Kopf zur Seite oder zeigt andere Reaktionen.
»Haben Sie irgend etwas gerochen?« Darauf die klare Antwort: »Nein.«
Lesern, die ihre Erinnerung an den Ammoniakgeruch auffrischen wollen, möchte ich dringend raten, mit einem *sehr kleinen* Atemzug zu beginnen.
Unser gesunder Menschenverstand sagt uns, daß wir in einer realen Welt leben und diese im wesentlichen so wahrnehmen, wie sie ist. Das Buch in Ihren Händen ist real, es fühlt sich fest an, weil es eben fest ist, Sie sehen die Wörter, weil sie wirklich da stehen. Und doch kann diese nüchterne Realität innerhalb weniger Minuten durch bloßes Zureden verschwinden. Das Buch in Ihren Händen könnte vollständig verschwinden, es könnte sich weich anfühlen statt hart, und die Wörter darin könnten zu einem unverständlichen Kauderwelsch werden. Können wir den gesunden Menschenverstand des gewöhnlichen Bewußtseins also tatsächlich als Selbstverständlichkeit betrachten?

Was ist Erleuchtung

Ein Teil meines Geistes ist höchst amüsiert darüber, daß ich hier etwas über das Wesen der Erleuchtung schreiben will. Welch eine Anmaßung! Ist Erleuchtung nicht eine Eigenschaft übermenschlicher Wesen, die nur sie verstehen können? Was um alles in der Welt könnten westliche Psychologen darüber zu sagen haben?
Wie ich später noch ausführen werde, sind viele wichtige Aspekte der Erleuchtung sprachlich nicht zu erfassen. Außerdem schließt Erleuchtung bestimmte Arten von Wissen ein, ›zustandsspezifisches Wissen‹, das wir in unserem gewöhnlichen Bewußtseinszustand nicht adäquat verstehen können – auch darauf werde ich noch zu-

rückkommen. Im Augenblick befinden wir uns also im gewöhnlichen Bewußtseinszustand und auf der Ebene verbaler Kommunikation. Natürlich ist es in gewissem Sinne töricht, über Erleuchtung etwas mit Worten aussagen zu wollen. Dennoch können Worte im gewöhnlichen Bewußtseinszustand nützlich sein, um über Erleuchtung nachzudenken, *insbesondere wenn wir darauf achten, die Worte nicht mit den Realitäten zu verwechseln.* Mit diesem Vorbehalt wollen wir nun einige Aspekte der Erleuchtung untersuchen und uns später anschauen, in welchem Verhältnis veränderte Bewußtseinszustände dazu stehen.

Zunächst einmal möchte ich feststellen, daß es mir hilfreich erscheint, sich Erleuchtung als *Kontinuum* einer Entwicklung vorzustellen, nicht als ›Alles-oder-nichts‹-Zustand. Wenn man Erleuchtung als völlig unfaßbaren Endzustand ohne vorangehende Zwischenstufen ansieht, wird es in der Tat schwierig, sich darüber zu verständigen, und ebenso schwierig, etwas zu tun, um diesen Zustand zu erreichen. Man könnte einen Piloten, verglichen mit uns restlichen Menschen, in bezug auf den Umgang mit Flugzeugen als ›erleuchtet‹ bezeichnen.* Er hat diesen Zustand aber nicht durch einen einzigen magischen Akt erreicht. Er mußte eine lange Lehrzeit absolvieren und durchlief in bezug auf das Fliegen ein Kontinuum vom völlig ›unerleuchteten‹ Zustand hin zur immer vollkommeneren Meisterung dieser Kunst. Wenn wir uns Erleuchtung als Kontinuum vorstellen, können wir sie als Prozeß verstehen, nicht nur als einen Endzustand.

Innerhalb dieses allumfassenden Kontinuums gibt es jedoch ›Sprünge‹, die durch veränderte Bewußtseinszustände *(altered states of consciousness)* bewirkt werden, und hier liegt die Bedeutung zustandsspezifischen Wissens.

Man muß das Phänomen des zustandsspezifischen Wissens verstehen, um zu begreifen, warum vollständige Erleuchtung auch den Zugang zu veränderten Bewußtseinszuständen beinhalten muß. Ein

* Hier und an anderen Stellen wird deutlich, daß bei Tarts Verwendung des englischen Begriffs *›enlightenment‹* auch dessen andere Bedeutung, nämlich ›Aufklärung‹ (durch das Licht der Vernunft) mitschwingt, während ›Erleuchtung‹ in den spirituellen Traditionen eine die Verstandeskräfte transzendierende Erfahrung bezeichnet. (Anm. d. Übers.)

bestimmter Bewußtseinszustand ermöglicht den Zugang zu bestimmten Arten von Wissen und/oder tieferes Verständnis davon, was in anderen Bewußtseinszuständen so nicht möglich ist. Wenn Ihnen also ein bestimmter Zustand verschlossen bleibt, werden Sie einige Phänomene niemals völlig begreifen. Sind diese Gegenstände zustandsspezifischen Wissens dazu noch wichtig, so ist Ihr Leben um einiges ärmer: Sie müssen sich mit partiellem und oft verzerrtem Wissen über die betreffenden Phänomene zufriedengeben, das auf den Beschreibungen anderer Menschen beruht.

Stellen Sie sich einen Menschen vor, der ohne musikalische Ausbildung oder entsprechendes Talent zum erstenmal eine Symphonie hört. Möglicherweise hat die Symphonie eine starke emotionale Wirkung auf ihn, und vielleicht erzählt er hinterher seinen Freunden, die Symphonie sei ›wundervoll‹ gewesen, habe ihn ›tief bewegt‹ oder ›schön geklungen‹. Eine solche Beschreibung entspricht in etwa dem folgenden Bericht über einen veränderten Bewußtseinszustand: »Ich habe direkt die unendliche Liebe im Herzen des Universums erfahren!« Das klingt zwar recht eindrucksvoll, ist aber nicht gerade besonders genau.

Nun stellen Sie sich vor, ein ausgebildeter Musiker hört die gleiche Symphonie. Der Musiker ist nicht nur emotional bewegt von der Musik, sondern kann sie auch (zumindest anderen Musikern) ziemlich genau in Kategorien wie Tönen, Tonart, Zeitmaß und Rhythmik beschreiben und das Gehörte eventuell sogar in musikalischer Notation so präzise aufschreiben, daß andere Musiker die Symphonie fast genauso reproduzieren können, wie sie ursprünglich geklungen hat. Ein Musiker hat ein weitaus größeres (spezialisierteres) Verständnis der Symphonie als der musikalische Laie. Das Spezialwissen des Musikers ist analog zum zustandsspezifischen Wissen. Ebenso hat ein Mensch, der in einem veränderten Bewußtseinszustand bestimmte Arten von Wissen erfahren hat, ein wesentlich größeres Verständnis davon als ein Mensch, dessen Geist noch nie in diesem Zustand aktiv war. Es mag intellektuell anregend sein, die rückblickende philosophische Analyse einer mystischen Erfahrung der Vereinigung mit dem Universum zu lesen, doch verändert dies kaum die Grundlagen des persönlichen Lebens des Lesenden, wohingegen eine tatsächliche Erfahrung der Einheit dies wahrscheinlich tut.

Ich werde mich in diesem Kapitel auf nützliches zustandsspezifisches Wissen konzentrieren, ohne Fragen nach seiner Gültigkeit aufzuwerfen. Wir sollten jedoch im Auge behalten, daß etwas, das in einem veränderten Bewußtseinszustand offensichtlich wahr erscheint, dies nicht unbedingt sein muß. Wir sollten jede Art von Wissen, ob aus dem gewöhnlichen oder aus einem veränderten Bewußtseinszustand, möglichst immer mit anderen Aspekten unseres Wissens vergleichen. Attraktive Täuschungen gibt es in allen Bewußtseinszuständen.

Voraussetzungen

Unserer Erörterung der Erleuchtung liegen gewisse Voraussetzungen zugrunde, die man sicherlich alle in einem anderen Zusammenhang ausführlich hinterfragen könnte.

Gewahrsein ist
Zunächst einmal: Gewahrsein ist. Unsere grundlegende Fähigkeit, Erfahrungen zu machen, zu wissen, daß wir sind, verschiedener Dinge gewahr zu sein, all dies ist noch nie in befriedigender Weise durch Bezug auf etwas anderes erklärt worden. Die gegenwärtige westliche Wissenschaft tendiert dazu, Gewahrsein oder Bewußtsein als Teil der Gehirntätigkeit zu erklären, was einer Reduktion auf ›nichts als‹ irgendeine Aktivität des Gehirns gleichkäme. Doch diese Annahme ist ein Produkt derzeitiger Glaubensströmungen und wissenschaftlicher Moden, jedoch keine gute Wissenschaft. Man kann sogar die Wissenschaft selbst als eines unter vielen Derivaten der Aktivität des Bewußtseins ansehen, und wenn dies zutrifft, brauchen wir natürlich nicht zu erwarten, daß ein Teil jemals das Ganze erklären kann.
Vielleicht werden wir nie in der Lage sein, Gewahrsein zu erklären, aber *daß* wir gewahr sein können, ist ein Axiom.

Das Bewußtsein simuliert die Außenwelt
Zweitens besteht eine der wichtigsten Funktionen des Bewußtseins darin, die äußere Umgebung zu simulieren. Mit Bewußtsein meine ich jenes ungeheuer differenzierte, durch Gewohnheiten geprägte,

konditionierte System von Wahrnehmen, Denken und Fühlen, das wir gewöhnlich als unseren ›Geist‹ erfahren. Das Bewußtsein, und insbesondere seine Wahrnehmungsaspekte, schafft eine innere Repräsentation der Außenwelt, so daß wir über eine gute ›Landkarte‹ der Welt und unserer Position in ihr verfügen.

Die meisten Leser haben bestimmt schon einmal Bilder von einem Flugsimulator gesehen. Das ist ein Gerät, das bei der Ausbildung von Piloten eingesetzt wird. Man könnte einem Piloten natürlich auch eine Betriebsanleitung zu lesen geben und ihn dann gleich hinter das Steuer eines Flugzeuges setzen. Das wäre allerdings eine ausgesprochen kostspielige Schulungsmethode. Wenn der angehende Pilot auch nur einen einzigen Fehler macht, stürzt das Flugzeug ab – kein Pilotenschüler und kein Flugzeug mehr. Statt Leben und Flugzeug aufs Spiel zu setzen, kann der angehende Pilot sich aber auch in einen besonderen Raum setzen, der von innen genau wie das Cockpit des Flugzeuges aussieht, das er später fliegen will. Wenn er die Hebel bedient, die die ›Motoren‹ des Simulators anspringen lassen, hört er das Geräusch der aufheulenden Motoren, spürt ihre Vibrationen und kann auf den entsprechenden Anzeigern die Umdrehungszahl überprüfen, ebenso die Temperatur, den Öldruck und alles, was sonst noch beim Fliegen wichtig ist. Wenn er aus dem ›Cockpit-Fenster‹ schaut, sieht er vor sich die Startbahn und den Flughafen; die Szenerie verändert sich, sobald er das Flugzeug in Bewegung setzt usw. Alles ist genauso wie in einem richtigen Flugzeug, was sensorische Wahrnehmung und entsprechendes Feedback anbetrifft, mit einem winzigen Unterschied: Wenn der Flugschüler einen fatalen Fehler macht, der ein echtes Flugzeug zum Abstürzen bringen würde, stirbt er weder an den Folgen, noch wird das Flugzeug zerstört, sondern im ›Cockpit-Fenster‹ erscheint das Wort ›CRASH‹, und er kann anschließend gleich mit dem Üben fortfahren.

Wissenschaftliche Erkenntnisse über die Gehirntätigkeit und die Psychologie der Wahrnehmung haben zur Entwicklung eines sehr nützlichen Realitätsmodells geführt, demzufolge wir in einem äußerst komplexen und differenzierten Weltsimulator leben. Das Bewußtsein befindet sich nach diesem Modell innerhalb des Gehirns. Das Bewußtsein an sich hat keinen *unmittelbaren* Zugang zur äußeren Welt (wobei allerdings die Realität außersinnlicher Wahrnehmung ignoriert wird, was ja für konventionelle Wissenschaftler typisch ist), sondern nur zu Prozessen innerhalb des Gehirns. Diese Gehirnprozesse verarbeiten die Informationen, die unsere Sinne ihnen liefern, zu einer Weltsimulation, genauso wie die Maschinerie des Flugsimulators eine Simulation der Situation im Cockpit eines realen Flugzeuges schafft. Was wir ›sehen‹, ist demzufolge nicht das reale Licht, das in unsere Augen fällt, sondern ein Muster neuronaler Impulse, das durch jenes reale Licht hervorgerufen wird.

Diese Simulation des Gehirns ist unser wichtigstes Werkzeug beim Umgang mit der gewöhnlichen Realität; deshalb sollte die Simulation möglichst genau ausfallen. In dem Rahmen, in dem das Simulationsmodell nützlich ist, wäre der Genauigkeitsgrad der Simulation ein Aspekt der Erleuchtung. Je schlechter die Repräsentation der äußeren Realität ist und je mehr wir die Simulation, also die erfahrene Realität, fälschlicherweise mit der tatsächlichen Realität gleichsetzen, um so gravierender ist der Mangel an Erleuchtung. Beachten Sie bitte, daß die Realität, die wir genau zu simulieren versuchen, nicht unbedingt diejenige sein muß, die die Gesellschaft als real definiert. Auf diesen Gedanken werde ich noch häufiger zurückkommen.

Wir haben einen Wesenskern

Drittens haben wir eine von der Natur bestimmte Basis, einen Wesenskern, eine *Essenz*. Mensch zu sein bedeutet, Eigenschaften, Möglichkeiten und Grenzen zu haben. Wir sind weder Berge noch Delphine, noch Gorillas, noch Engel – wir sind Menschen. Ich werde hier nicht versuchen zu definieren, was jener Kern ist. Doch ist es äußerst wichtig, das, was unser eigentliches Wesen tatsächlich ist oder sein könnte, nicht mit dem zu verwechseln, was wir derzeit darüber denken bzw. was man uns darüber hat weismachen wollen.

Wir haben eine erworbene Persönlichkeit

Viertens haben wir auch eine erworbene Persönlichkeit. Wie unser Wesenskern auch beschaffen sein mag, im Verlaufe des Enkulturationsprozesses war er einer ungeheuren Menge von Formungen, Verbiegungen, Konditionierungen, Indoktrinationen, Entwicklungen und Repressionen ausgesetzt. Während wir zu ›normalen‹ Menschen gemacht wurden, also dem in unserer jeweiligen Kultur gängigen Normalitätsbegriff angepaßt, wurde unser Wesenskern selektiv kultiviert. Unsere Wahrnehmung, unser Denken, unsere Gefühle, unsere Vermutungen und intuitiven Eingebungen und unser Verhalten wurden allesamt stark geformt. Unser gewöhnliches Bewußtsein ist nicht ›natürlich‹, sondern erworben. Dadurch verfügen wir über eine Menge nützlicher Fähigkeiten, uns wurden aber auch viele Verrücktheiten mitgegeben, die Quellen unnötigen Leidens sind.

Es wäre ein großer Fehler, die erworbene Persönlichkeit, das Produkt unserer kulturellen und persönlichen Geschichte, mit dem Wesenskern zu verwechseln. Die meisten Menschen tun dies und berauben sich dadurch vieler grundlegender menschlicher Möglichkeiten.

Wir werden uns in den folgenden Kapiteln mit den Prozessen beschäftigen, durch die unsere Persönlichkeit den Wesenskern unterdrückt.

Um uns den erworbenen, halb-zufälligen, konditionierten Charakter unseres gewöhnlichen Bewußtseins im weiteren Verlauf dieses Buches stets klar vor Augen zu führen, werde ich von jetzt ab nicht mehr den Begriff ›gewöhnliches Bewußtsein‹ verwenden, denn darin schwingt mir zu stark die Vorstellung mit, daß es sich um den ›natürlichen‹ und ›normalen‹ Zustand handelt. Ich ersetze ihn durch den Begriff ›Konsensus-Bewußtsein‹, den ich vor einigen Jahren neu eingeführt habe. Dies soll ständig daran erinnern, wie sehr unser alltägliches Bewußtsein durch den Konsensus der Anschauungen jener Kultur geprägt ist, in der wir leben.

Das Werkzeug-Gleichnis

Wir können uns nun der Frage, was Erleuchtung ist, mittels einer Analogie nähern.

Ein Zimmermann hat eine Vielzahl von konkreten Problemen zu lösen. Er benutzt Werkzeuge, um zu bauen, zu reparieren und Dinge instand zu halten. Ein guter Zimmermann, der innerhalb seines Fachgebiets sehr vielseitig ist, hat viele Werkzeuge zur Verfügung und weiß auch, wie man damit umgeht. Er besitzt Hämmer, Sägen,

Lineale, Winkelmaße, Nägel, Meißel und vieles mehr. Sägen benutzt er zum Sägen, nicht zum Hämmern. Mit dem Hammer schlägt er Nägel ein, er zerkleinert keine Bretter damit. Ein schlechter Zimmermann hat entweder nicht die notwendigen Werkzeuge, um seine Arbeit zu tun, oder er kann mit den zur Verfügung stehenden Werkzeugen nicht gut genug improvisieren. Oder er hat zwar die notwendigen Werkzeuge, kann aber nicht damit umgehen oder *will* es aus irgendwelchen Gründen nicht.

Diese beiden Bedingungen für gutes Zimmern – die Verfügbarkeit der richtigen Werkzeuge und die Kenntnis ihres sachgemäßen Gebrauchs – kann man als Analogie zu den beiden wichtigsten Dimensionen des Erleuchtetseins verstehen. Die Werkzeuge entsprechen den menschlichen Fähigkeiten, zu denen auch der Zugang zu verschiedenen veränderten Bewußtseinszuständen gehört.

Wir setzen nun die einzelnen Werkzeuge mit bestimmten veränderten Bewußtseinszuständen oder mit zustandsspezifischem Wissen und Fähigkeiten gleich, die nur in einem bestimmten Bewußtseinszustand erreichbar sind.

Der Grad der Fähigkeit, ein Werkzeug intelligent, sachgemäß und seinen besonderen Eigenschaften entsprechend zu benutzen, gleicht dem Grad des Erleuchtetseins in einem bestimmten Bewußtseinszustand.

Somit gibt es bei jedem Menschen zwei voneinander unabhängige Dimensionen des Erleuchtetseins. Zu welchen Bewußtseinszuständen und zu welchen damit verbundenen besonderen Eigenschaften und Gaben hat der/die Betreffende Zugang, und mit welchen Nachteilen ist das verbunden? Dies werden wir als ›Dimension der Zustands-Zugänglichkeit des Erleuchtetseins‹ bezeichnen *(available-state dimension of enlightenment)*. Innerhalb jedes Bewußtseinszustandes ist wichtig, wie intelligent der Betreffende die Eigenarten des Zustandes versteht und zu nutzen vermag. Dies ist die Dimension des Verständnisses und Verhaltens innerhalb eines Bewußtseinszustands oder kürzer die ›zustandsimmanente Dimension des Erleuchtetseins‹ *(within-state dimension of enlightenment)*.

Ein Mensch kann bezüglich einer dieser beiden Dimensionen relativ erleuchtet sein und in der anderen nicht. Vergleichbar einem Zimmermann, der nur ganz wenige Werkzeuge besitzt, kann er im Konsensus-Bewußtsein gefangen sein, ohne Zugang zu veränderten Bewußtseinszuständen zu haben. Ein guter Zimmermann würde seine wenigen Werkzeuge dennoch mit großer Kunstfertigkeit benutzen. Dementsprechend kann ein Mensch, der im Konsensus-Bewußtsein gefangen ist, dennoch reif, intelligent und erleuchtet in der Art sein, wie er die ihm zur Verfügung stehenden geistigen Qualitäten nutzt. Er ist in diesem einen Bewußtseinszustand relativ erleuchtet, jedoch unerleuchtet hinsichtlich seiner Möglichkeiten, sich andere Bewußtseinszustände zu erschließen.

Ein anderer Mensch, ein schlechter Zimmermann, hat zwar viele Werkzeuge, kann aber nicht gut damit umgehen. Ich habe Menschen kennengelernt, die in die ausgefallensten Bewußtseinszustände eintreten konnten, deren unintelligentes und neurotisches Verhalten jedoch zeigte, daß sie in keinem dieser Zustände besonders erleuchtet waren.

Wir wollen uns nun genauer mit den zustandsimmanenten Qualitäten des Erleuchtetseins beschäftigen.

Die Eigenschaften der zustandsimmanenten Dimension des Erleuchtetseins

Die Fähigkeit, das Gewahrsein beliebig auszurichten

Ein grundlegendes Gewahrsein ist letztlich die Essenz jedes Bewußtseinszustandes. Deshalb müßte das zustandsimmanente Erleuchtetsein die Fähigkeit umfassen, das Gewahrsein innerhalb der natürlichen Grenzen eines Bewußtseinszustandes nach Belieben auszurichten. Die Grenzen sollten jedoch gezielt abgesteckt und nicht aufgrund von Voreingenommenheiten als gegeben vorausgesetzt werden, da letzteres die tatsächlichen Fähigkeiten unnötig begrenzen würde. Im Idealfall kann ein Mensch sein Gewahrsein auf jeden Aspekt des Bewußtseinszustandes bzw. der Welt richten, wie sie in diesem Zustand erfahren wird – kann er sie sich bewußt machen.

Da ein grundlegendes Gewahrsein im allgemeinen die Voraussetzung dafür ist, daß wir eine spezielle Fähigkeit nutzen können, ist die Fähigkeit, das Gewahrsein willentlich auszurichten, gewöhnlich die Grundlage für die Entfaltung und Nutzung unserer Talente.

Die Fähigkeit, das Gewahrsein nach Bedarf auszurichten

Auch die Fähigkeit, das Gewahrsein entsprechend den Erfordernissen des Überlebenskampfes und des Wachstums ausrichten zu können, ist lebenswichtig. So könnten Sie etwa den Wunsch haben, sich auf einen angenehmen Aspekt einer Situation zu konzentrieren, in der Sie sich befinden, etwa darauf, den Geschmack eines guten Essens zu genießen. Wenn dieselbe Situation jedoch auch einen potentiell gefährlichen Aspekt hat, dann sollten Sie besser den wahrnehmen, selbst wenn das unangenehm ist und Sie sich lieber mit angenehmeren Dingen befassen möchten. Die lauernde Gestalt draußen vor dem Fenster mag Sie zwar ängstigen und Ihnen die Freude am guten Essen verderben, doch können Sie der Situation sicherlich besser begegnen, wenn Sie etwas über die dunkle Gestalt in Erfahrung bringen und sie nicht aus Ihrem Bewußtsein verbannen. Grundlegenderen Bedürfnissen den Vorzug vor weniger wichtigen Wünschen geben zu können ist eine Eigenschaft des zustandsimmanenten Erleuchtetseins.

Die Fähigkeit zur unverzerrten Wahrnehmung/Simulation

Unverzerrte Wahrnehmung/Simulation der Welt innerhalb der gegebenen Grenzen eines Bewußtseinszustandes ist ein weiteres wichtiges Element des zustandsimmanenten Erleuchtetseins. Im Zustand des Konsensus-Bewußtseins oder in einem drogeninduzierten Bewußtseinszustand beispielsweise setzt die Beschaffenheit des menschlichen Auges den visuellen Wahrnehmungsmöglichkeiten gewisse unüberwindliche Grenzen. Doch kann der konstruierende Teil des Wahrnehmungsprozesses, der der einleitenden Stimulation des Auges folgt, in der Genauigkeit sehr stark variieren. Wenn man Menschen als bedrohlich wahrnimmt, die in Wahrheit freundlich sind, so kann die Folge sein, daß man selbst feindselig wirkt und dementsprechend auch beim Gegenüber eine solche Reaktion auslöst. Dies ist unerleuchtet und führt zu unnötigem Leiden.

Die Fähigkeit, den gegenwärtigen Bewußtseinszustand zu erkennen

Ich bin mir nicht sicher, ob es irgendeinen einzelnen Bewußtseinszustand gibt, der eine vollkommen unbegrenzte und unverzerrte Wahrnehmung der Außenwelt gewährleistet oder Arten zu denken und zu fühlen, die für alle Situationen optimal sind. Jeder mir bekannte Zustand scheint perzeptive, kognitive und emotionale Vorteile in verschiedener Hinsicht und Nachteile in anderer Hinsicht mit sich zu bringen. Deshalb ist eine weitere wichtige Qualität des zustandsimmanenten Erleuchtetseins die Fähigkeit zu erkennen, in welchem Bewußtseinszustand man sich jeweils befindet; auch ist es wichtig, die Vor- und Nachteile des betreffenden Zustandes zu erkennen. Beides ermöglicht, den Zustand optimal zu nutzen. Dies wiederum lenkt unseren Blick auf eine weitere Eigenschaft des Erleuchtetseins, die sich sowohl auf die Dimension der Zustands-Zugänglichkeit als auch auf die zustandsimmanente Dimension des Erleuchtetseins bezieht, nämlich die *Fähigkeit zu erkennen, ob der Bewußtseinszustand, in dem man sich zur Zeit befindet, zur Bewältigung der aktuellen Lebenssituation möglicherweise nicht geeignet ist.*

Eigenschaften der Erleuchtung in Hinsicht auf Zustands-Zugänglichkeit

Die Fähigkeit, die Angemessenheit des gegenwärtigen Zustandes zu erkennen

Es ist wichtig, erkennen zu können, ob man sich in einem Bewußtseinszustand befindet, der nicht nützlich oder zumindest nicht der bestmögliche ist. Stellen Sie sich vor, man würde Sie bitten, einen Streit zwischen Liebenden zu schlichten, und Sie selbst befänden sich infolge einer eigenen spannungsreichen Begegnung noch in einem Zustand der Wut. Wut kann äußerst nützlich sein, wenn man angegriffen wird und sein Leben retten will. Doch hat man in dieser Verfassung sicher nicht die ruhige Sensibilität, auf die verletzten Gefühle von Liebenden einzugehen, und genau das wäre notwendig, um sie nach einem Streit an ihre grundsätzliche Zuneigung zueinander zu erinnern.

Die Fähigkeit, den Bewußtseinszustand zu wechseln

Wenn Sie Ihren derzeitigen Bewußtseinszustand erkennen können und ihn gut genug verstehen, um zu wissen, daß er für den Umgang mit Ihrer momentanen Situation nicht geeignet ist, so können Sie versuchen, *mit dem Handeln zu warten, bis Sie sich in einem geeigneteren Zustand befinden.* Dies ist eine zweite Eigenschaft der Zustands-Zugänglichkeits-Dimension des Erleuchtetseins. Eine aktivere Form wäre *zu wissen, welcher Zustand für die augenblickliche Situation der optimale ist, und zu wissen, wie man aus dem gegenwärtigen, nicht adäquaten Zustand in den optimalen gelangen kann.*

Die Fähigkeit, Wissen in einem bestimmten Zustand mit Hilfe von Wissen aus einem veränderten Bewußtseinszustand zu modifizieren

Eine dritte Eigenschaft der Zustands-Zugänglichkeits-Dimension besteht nicht nur darin, ein möglichst klares Verständnis des eigenen Wesenskerns zu haben, wie er sich in Ihrem momentanen Bewußtseinszustand manifestiert; es gilt auch zu verstehen, daß dieses Wissen, wie klar und überzeugend es auch erscheinen mag, nur eine Teilansicht ist, die durch Wissen ergänzt werden muß, das Ihnen in anderen Bewußtseinszuständen zugänglich ist. *Wissen und Aktivitäten in jedem Bewußtseinszustand müssen also anhand des in anderen Bewußtseinszuständen erworbenen Wissens korrigiert werden.*

Wenn ich mich zum Beispiel in einem Zustand der Wut befinde und meinem Gegner klar überlegen bin, wäre es vollkommen natürlich und verständlich, wenn ich ihn vernichten wollte. Ich weiß außerdem, daß mir das Spaß machen würde; es wäre mir geradezu ein königliches Vergnügen! Das ist die Logik des Zustandes der Wut.

Vielleicht wirkt eine Hemmung gegen meinen Vernichtungsdrang. Möglicherweise wird er durch die emotionale Konditionierung meines Über-Ich im Zaum gehalten. Eine solche Kontrollinstanz mag vom gesellschaftlichen Standpunkt aus wünschenswert sein, doch ist das eine relativ unerleuchtete Art der Hemmung: Unser Über-Ich wurde nämlich von anderen konditioniert, es ist kein Produkt unserer eigenen Wahl – ein Gedanke, der in späteren Kapiteln wieder aufgegriffen wird.

Eine realistische Hemmung kann einsetzen, wenn ich mir – wahrscheinlich aus dem Wissensreservoir des Konsensus-Bewußtseins – meine Angst vor den Konsequenzen meiner geplanten destruktiven Handlung vor Augen führe. Eine weitere, erleuchtetere Art der Kontrolle könnte sein, daß ich mir in meinem Zustand der Wut andere Situationen und Zustände in Erinnerung rufe, in denen ich freundschaftliche Gefühle oder Mitgefühl für meinen Opponenten gehegt habe oder hätte hegen können. Dann kann ich meinen Willen benutzen (vorausgesetzt, er ist stark genug entwickelt – auch dies werden wir später ausführlich erörtern), um meinen Zustand der Wut zu beenden und in einen der Situation angemesseneren Zustand einzutreten, in einen Zustand, den mein tiefes Selbst als angemessener ansieht, *vorausgesetzt, daß meine Werte über verschiedene Bewußtseinszustände hinweg bekannt sind und manifest werden.* Wenn es mir nicht gelingt, den Zustand der Wut durch Willenskraft zu beenden, kann ich mich zumindest davon abhalten, mit vollem Einsatz entsprechend meinem derzeitigen Zustand zu handeln.

Ich will versuchen, diese Eigenschaft der Zustands-Zugänglichkeits-Dimension noch klarer zu machen. Nehmen wir an, Sie befinden sich in einem Zustand sehr starken Mitgefühls, haben es jedoch mit jemandem zu tun, der sich im Zustand der Wut befindet. Der Wutzustand wäre eventuell auch Ihnen zugänglich: Sie können instinktive emotionale Reaktionen auf die Wut des anderen benutzen, um bei sich selbst Wut zu induzieren, falls Sie der Ansicht wären, daß dies der optimale Zustand zum Umgang mit Ihrem wütenden Gegenüber ist. Oder Sie könnten sich daran erinnern, wie es ist, wütend zu sein, um Ihr Gegenüber völlig zu verstehen. Die Folge des Verstehens könnte sein, daß Sie aufgrund dieser Qualität der Zustands-Zugänglichkeit Ihr Mitgefühl auf sinnvollere Art einbringen können.

Die Fähigkeiten, den eigenen momentanen Zustand zu erkennen und sich wichtiges Wissen aus anderen Zuständen zunutze zu machen, sowie die Fähigkeit, nach Wunsch in andere Zustände überzuwechseln, setzen das Vorhandensein eines Aspekts Ihres Bewußtseins, des grundlegenden Gewahrseins voraus, der jeden besonderen Bewußtseinszustand, in dem wir uns gerade befinden, transzendiert. Die Natur dieses Aspekts ist von größtem Interesse. Sie zu verstehen und zu kultivieren ist das wichtigste Anliegen dieses Buches.

Die Unterscheidung des Wesenskerns von der erworbenen Persönlichkeit

Die vierte Eigenschaft der Zustands-Zugänglichkeits-Dimension der Erleuchtung besteht darin, daß der Zugang zu verschiedenen Bewußtseinszuständen eine schärfere Unterscheidung zwischen unserem Wesenskern und der später erworbenen Persönlichkeit ermöglicht. Die Gesamtheit der Konditionierungen und Formungen unserer Persönlichkeit, unsere Enkulturation, fand im Zustand des Konsensus-Bewußtseins statt oder in einem emotionalen Zustand, der gewöhnlich vom Konsensus-Bewußtsein aus erreichbar ist. Ein Teil der Enkulturation besteht darin, uns davon zu überzeugen, daß die im Verlauf dieses Prozesses erworbenen Eigenschaften natürlich sind. Deshalb ist es im Zustand des Konsensus-Bewußtseins häufig sehr schwierig, Wesenskern und Persönlichkeit zu unterscheiden. Manchmal ermöglicht ein veränderter Bewußtseinszustand (mit seinen veränderten Gefühls- und Denkfunktionen) eine andere Sicht, die einer Außenansicht der eigenen Person gleichkommt. Manchmal wird dadurch deutlich, wie konditioniert und restriktiv das Konsensus-Bewußtsein oder ein emotionaler Zustand ist. Solche Einsicht kann ausreichen, die Konditionierung in jenem anderen Zustand aufzuheben, oder zumindest kann sie die Grundlage für die Arbeit an der Aufhebung der Konditionierung sein.

Latente im Gegensatz zu entwickelten Fähigkeiten

Eine fünfte Eigenschaft der Zustands-Zugänglichkeits-Dimension der Erleuchtung ist die Möglichkeit zur realistischen Einschätzung der eigenen Fähigkeiten einschließlich des Wissens, daß einige davon zur Zeit nur angelegt sind und noch entwickelt werden müssen. Es kann erhebliche Mühe kosten, eine Art des Denkens, Fühlens oder Handelns in einem bestimmten Bewußtseinszustand dauerhaft und nutzbar zu machen. Ebenso mühsam kann es sein, diese Fähigkeit teilweise oder ganz in einen anderen Bewußtseinszustand zu transferieren, zum Beispiel in das Konsensus-Bewußtsein.

Eine Erfahrung großen Erbarmens in einem meditativen Zustand beispielsweise kann sich allem Anschein nach im Konsensus-Bewußtsein fortsetzen und Ihnen das Gefühl geben, ein sehr erleuchtetes Wesen zu sein – bis jemand Sie beleidigt. Dann weicht das Erbarmen blitzschnell handfestem Ärger. Die Fähigkeit, zwischen einer

realen, entwickelten Fähigkeit und einer noch nicht entwickelten Anlage unterscheiden zu können, ist besonders wichtig, wenn jemand einer Erfahrung in einem veränderten Bewußtseinszustand übermäßig verhaftet ist, denn solches Anhaften hat zur Folge, daß der/die Betreffende glaubt, die erfahrenen Eigenschaften seien schon zu einem permanenten und funktionalen Teil seiner/ihrer selbst geworden.
Nun wollen wir uns dem wichtigsten Nutzen des Erleuchtetseins zuwenden: Leiden zu verringern.

Erleuchtung verringert Leiden

Ein großer Teil unseres Leidens ist sinnlos: Wir schaffen es selbst, ohne das zu wissen, und zwar durch Mangel an Erleuchtung sowie durch unintelligenten Gebrauch unserer menschlichen Fähigkeiten. Wir nehmen die Außenwelt und unsere eigenen tieferen Wünsche und Eigenschaften fehlerhaft wahr, handeln im Widerspruch zur Realität unserer Situation und müssen schließlich die unangenehmen Konsequenzen tragen. Zustandsimmanentes Erleuchtetsein führt zu einer realistischeren Wahrnehmung der Welt und unserer selbst. So können wir eine sinnvollere Art des Handelns entwickeln und damit sinnloses Leiden verhindern.
Obwohl dies in der westlichen Psychologie kaum erkannt wird, tritt vieles von unserem Leiden in veränderten Bewußtseinszuständen (insbesondere in emotionalen Zuständen) auf und/oder als Folge dieser Zustände. Emotionen gelten gewöhnlich als Teil des Konsensus-Bewußtseins. Das trifft zwar für schwache Gefühle zu, für starke hingegen nicht. Wir versuchen, über das Konsensus-Bewußtsein die Folgen starker Emotionen zu bewältigen, jedoch oft erfolglos, denn die Prinzipien, denen starke Emotionen unterliegen, sind diejenigen der veränderten Bewußtseinszustände, welche durch die betreffenden Emotionen induziert werden, und nicht die des Konsensus-Bewußtseins.
Wenn wir die Beschaffenheit veränderter Bewußtseinszustände verstehen, können wir das Leiden in jenen Zuständen lindern: Ein Heilmittel gegen Leiden in einem bestimmten Zustand ist oft etwas Spezifisches, nur hier Wirksames. Versuche, es in einem anderen Zustand anzuwenden, führen zu Frustration und neuem Leiden. So kann Angst bei einem Menschen einen veränderten Bewußtseinszu-

stand und als Folge davon ein der Situation unangemessenes Verhalten hervorrufen. Der Betreffende verbringt dann eventuell viele Stunden bei einem Psychotherapeuten, um zur Wurzel seiner Angst vorzudringen. Doch finden die Therapiesitzungen im Zustand des Konsensus-Bewußtseins statt, während der Kern seiner Angst in Erfahrungen liegt, die ihm nur im veränderten Bewußtseinszustand des Angsthabens zugänglich sind. Deshalb kann eine solche Therapie nur begrenzt erfolgreich sein.
Die veränderte Selbstsicht, erreichbar durch veränderte Bewußtseinszustände, ermöglicht uns, auf negative wie auf positive Seiten unseres gewöhnlichen Selbst einzuwirken. Am wichtigsten ist vielleicht, daß uns die direkte Erfahrung von Werten und Verstehensweisen, die uns im Zustand des Konsensus-Bewußtseins nicht zugänglich sind, tiefgreifender verwandeln kann als das ›Über-etwas-Bescheid-Wissen‹ des Konsensus-Bewußtseins. Die verbindende Erfahrung, daß wir alle eins sind, ist im Zustand des Konsensus-Bewußtseins für die meisten von uns eine bloße Abstraktion – für diejenigen, die dies in einem veränderten Bewußtseinszustand erfahren haben, ist es unmittelbares Wissen. Die Linderung des Leidens, die aus dem unmittelbaren Wissen resultiert, daß das Universum einen Sinn hat, ist wesentlich tiefgreifender als jede Art von spezifischer, problemorientierter Linderung.

Unsere unerleuchtete Wirklichkeit

Ich habe in diesem Kapitel ein ziemlich großartiges Bild der menschlichen Möglichkeiten entworfen. Einem erleuchteten menschlichen Wesen, so behaupte ich, ist eine große Zahl von Bewußtseinszuständen jederzeit zugänglich. Ein solcher Mensch prüft jede Lebenssituation in kluger Weise entsprechend den Möglichkeiten seines jeweiligen Bewußtseinszustandes und benutzt alle in diesem Zustand erreichbaren Hilfsmittel. Dazu gehört auch die Erinnerung, daß die gegenwärtige Situation sich aus der Perspektive eines oder mehrerer veränderter Bewußtseinszustände anders darstellen würde, was Urteil und Handeln im derzeitigen Zustand umsichtig relativiert. Die betreffende Person könnte sogar zu der Ansicht kommen, daß die Situation in einem bestimmten veränderten Bewußtseinszustand

besser zu handhaben ist. In diesem Fall würde sie sich die Zeit nehmen, den Zustand zu wechseln, und könnte die Situation dann noch besser bewältigen, da ihr nun andere geistige, emotionale und intuitive Werkzeuge zur Verfügung stehen.
Wie oft entsprechen wir diesem Bild? Den größten Teil unseres Lebens befinden wir uns im Zustand des Konsensus-Bewußtseins oder in einem emotionalen Zustand, der nicht durch unsere bewußte Wahl herbeigeführt wurde. Typisch ist, daß wir einen solchen Zustand nicht so effektiv nutzen, wie es (theoretisch) möglich wäre – das wissen wir meist zum kritischen Zeitpunkt nicht, sondern erst hinterher. Oft tun und sagen wir etwas, das wir später bereuen und das uns selbst und andere unnötig leiden läßt. In spiritueller Terminologie ausgedrückt heißt dies: Wir haben die Kraft, die Realität und die Reinheit unserer wahren Natur verloren; wir haben eine Art Sündenfall aus dem Zustand der Gnade erlebt, so daß wir nun ein erbärmliches, beschränktes und unglückliches Leben führen. Alles könnte so anders sein, *wenn* wir nur erleuchteter wären.

Holger Kalweit

Seelenreisen und Jenseitslehren

Ich erhob mich über die Grenzen der Welt ... meine Füße wandelten auf der Rückseite des Himmels.

Ein Tschuktschen-Schamane (Bogoras 1956)

Du fragst, ich aber weiß nichts über den Tod; ich habe nur das Leben kennengelernt. Ich kann nur sagen, was ich glaube; entweder ist der Tod das Ende des Lebens, oder er ist der Übergang in eine andere Lebensform. In keinem Fall ist da irgend etwas zu fürchten.

Eine Eskimofrau

Wir definieren eine außergewöhnliche Erfahrung als eine Wahrnehmungsform, in der alle Wahrnehmungsobjekte so organisiert sind, daß der Beobachter sie von einem Standpunkt aus sieht, der nicht identisch mit dem physischen Körper ist. Die außerkörperliche oder *Out-of-the-body*-Erfahrung ist aufgrund ihrer Phänomenologie eindeutig von ähnlichen Erfahrungen zu trennen, wie sie zum Beispiel während der sensorischen Deprivation, bei hypnoiden, imaginativen oder traumartigen Zuständen auftreten. Andererseits können außerkörperliche Erfahrungen durch solche Zustände ausgelöst werden; sie bilden sozusagen die Brücke für das außerkörperliche Erleben. Celia Green weist einen klaren Unterschied zwischen dem luziden Traum (Helltraum), in dem man sich des Träumens bewußt ist, und der außerkörperlichen Erfahrung nach. Die außerkörperliche Erfahrung ist an sich identisch mit einer Nah-Todeserfahrung. Die Thanatologie hat, wie ich bereits zeigte, eine Verlaufsgestalt des Todeserlebens erstellt, in der das Verlassen des Körpers mit dem Bewußtsein ein zentrales Glied in einer, wie es scheint, regelmäßigen Kette von Erlebnissen darstellt.

Das Gefühl, sich außerhalb seiner selbst zu befinden, mag in allen veränderten Bewußtseinszuständen, beim Autogenen Training, in der Hypnose, beim Tagträumen oder bei physischer und psychischer Überbeanspruchung auftreten, doch handelt es sich so lange

um keine außerkörperliche Erfahrung, wie auch keine spezifische, den Nah-Todeserlebnissen vergleichbare Erlebnissequenz auftritt. Die außerkörperliche Erfahrung stellt eine aus der normalen Phänomenologie alternativer Bewußtseinszustände herausgehobene psychische Erlebensweise dar, deren Beschreibung allerdings noch weiterer Differenzierung bedarf.
Die Erfahrung, sich außerhalb der normalen Körpergrenzen zu bewegen und Bewußtseinsreisen zu unternehmen, ist vermutlich eine der ältesten Grundlagen der Religion und Magie. Keine Seelenvorstellung kommt ohne die Annahme einer Loslösung der Seele aus. Dies ist ohne weiteres verständlich, wenn wir uns vor Augen halten, daß Menschen in Nah-Todessituationen oft spontan eine außerkörperliche Erfahrung durchlaufen – und wie oft kommen wir nicht im Überlebenskampf hart an die Schwelle des Todes!
Die Seelenkonzeptionen und die der außerkörperlichen Erfahrung beruhen daher nicht auf abstrakten Denkleistungen, sondern auf wirklichen psychischen Erfahrungen. Auch C. G. Jung glaubte, daß die Todeswelt keine geistige »Erfindung« sei, sondern eine lebendige Erfahrung, die der Erfahrung der materiellen Welt in keiner Weise nachstehe. Das erklärt uns auch die universelle Verbreitung der spirituellen Weltschau, in deren Mittelpunkt die unabhängig vom Körper existierende Lebenssubstanz steht, deren ureigene Daseinsdomäne das Totenreich oder Jenseits ist. Die in der außerkörperlichen Erfahrung erlebte Umgebung ist mit dem Jenseits der alten Überlieferungen, der Nach-Todeswelt, dem Himmel oder der Hölle identisch.
Der Begriff »außerkörperliche Erfahrung« setzt sich auch in der Ethnologie langsam durch; einige Autoren wie Bourguignon, Dobkin de Rios, Harner oder Halifax haben ihm bereits eine ethnologische Bedeutung gegeben, und Dean Sheils versuchte eine transkulturelle Zusammenstellung außerkörperlicher Erfahrungen.
Es folgen nun Beschreibungen einiger außerkörperlicher Erlebnisse von Personen aus traditionellen Kulturen.

Eine Samojede in der Unterwelt

Als der Sibirienforscher Kai Donner einmal einen Samojeden mehr zufällig fragte, was er von der Unterwelt wisse, erhielt er statt einiger beiläufiger Bemerkungen folgende erstaunliche Antwort: »Warum sollte ich darüber nichts wissen; ich war selbst schon dort.« Der Mann schilderte nun, wie er auf dem Höhepunkt einer schweren Krankheit voreilig für tot erklärt wurde. Während man bereits die Beerdigungsfeierlichkeiten einleitete, reiste er in die Unterwelt, kehrte aber schließlich doch wieder in seinen Körper zurück:

»Lange Zeit lag ich im Bett und war krank, die Hitze [Fieber] hatte mir schrecklich zugesetzt. Schließlich verließ meine Seele den Körper und flog fort. Ich erreichte Gebiete, in denen ich nie zuvor gewesen war, und je weiter ich flog, um so dunkler wurde es. Ich überquerte einen großen Ozean, kam durch wunderbare Wälder und über hohe Berge. Zu guter Letzt erreichte ich einen hohen Bergrükken, von dem aus ich einen schwarzen Fluß erblickte. Viele Menschen schwammen in dem schwarzen Fluß herum und bemühten sich, ihm zu entkommen. Einige versanken immer tiefer in den Fluten und versuchten sich zu retten, aber vergeblich. Andere kletterten die Uferklippen hinauf, bis ihre Hände so sehr bluteten, daß sie nicht weiter vorwärtskamen und wieder hinunterfielen. Aus dem Fluß ragte ein sehr langer Pfahl hervor, den viele emporzuklettern versuchten. Große Vögel flogen um den Pfahl herum und jagten den Leuten einen Schrecken ein, so daß sie ihren Halt verloren. Andere wieder fuhren, ohne einen Gedanken an Flucht zu verschwenden, auf dem Fluß hin und her; sie fischten und vergnügten sich auf den Sandbänken.

In den Wäldern oberhalb des Flusses jagten die Menschen und lebten dort nicht anders als auch auf der Erde. Einige Bewohner dort hatten ihre ganze Familie bei sich, andere warteten auf ihre Frauen und Kinder. Nachdem ich mich umgesehen hatte, lief ich noch ein Stück weiter und legte mich dann schlafen. Als ich erwachte, befand ich mich wieder auf der Erde – die Sonne ging gerade auf. Ihre Strahlen weckten mich, und ich fühlte mich wieder vollkommen gesund. Doch als ich mich erhob, wurde mir bewußt, daß ich tot gewesen war, denn meine Mutter hatte mich wunderbar angezogen, ins Freie gebracht und meinen Leib mit einer Borkenmatte bedeckt, wie man es traditionsgemäß mit den Toten tut. Später erzählte mir meine Mutter, ich sei gegen Abend gestorben, aber die Sonnenstrahlen hätten mir ein neues Leben geschenkt.«

Obwohl wir in diesem Bericht nur wenige charakteristische Jenseitselemente finden, ist die Beschreibung des schwarzen Flusses mit den verzweifelten Menschen doch recht aufschlußreich. Während die Seelen auf der anderen Seite des Flusses recht gut leben – zumindest in der gleichen Weise wie auf der Erde –, versuchen offenbar gerade neuangekommene Seelen verzweifelt, den reißenden Strom zu überwinden, was allerdings nur unter schweren Strapazen möglich ist. Es hat allen Anschein, daß das Wasser eine Art Purgatorium darstellt, welches vor dem Eintritt in die jenseitige Welt durchquert werden muß. Das Wasser steht hier für die Reinigung von den irdischen Daseinsbedingungen. Menschen dagegen, die nur vorübergehend ihren Körper verlassen – und das finden wir in vielen Berichten von außerkörperlichen Erfahrungen –, können ohne Schwierigkeiten den Strom überfliegen oder ungestört über eine Brücke hinüberschreiten. Nah-Todes-Kandidaten haben demnach eine weniger komplizierte Jenseitsreise vor sich als tatsächlich Verstorbene.

Die arktische Luftreise

Unser nächstes Beispiel entnehmen wir Knud Rasmussens Buch *Neue Menschen*; es erzählt die Geschichte des Eskimo-Angakok (Schamanen) Kritdlarssuark, der über fremde Eskimostämme von weißen Seefahrern hörte, die weitab von seiner Heimat jenseits des Meeres leben sollten. Nach langem Grübeln entschloß er sich, dieses geheimnisvolle Land und seine unbekannten Bewohner aufzusuchen. Seinem Stamm gestand er: »Kennt ihr die Sehnsucht nach neuen Ländern? Kennt ihr die Sehnsucht, neue Menschen zu sehen?« Er fand keine Ruhe mehr und hielt große Geisterbeschwörungen ab, an denen alle Stammesmitglieder teilnahmen. Begleitet von Schutzgeistern, unternahm seine Seele auf der Suche nach dem fernen Land ausgedehnte Erkundungsreisen durch die Luft, und

eines Tages verkündete er, es aufgespürt zu haben. Er konnte einen Teil seiner Stammesbrüder und -schwestern überzeugen, mit ihm zu dem weit entfernten, fremden Volk aufzubrechen.
Als starker und gewandter Jäger führte Kritdlarssuark auf der folgenden Wanderung die Schlittengespanne an. Zwar wuchsen ihm schon weiße Haare, doch war der Alte ausdauernder und schneller als die jungen Burschen. Man erzählte sich, daß diejenigen, die hinter ihm fuhren, oft bei Einbruch der Dämmerung eine weiße Flamme über seinem Haupt leuchten sahen – so groß sei seine Macht gewesen. Sie waren schon mehrere Jahre gereist, und nur ein Teil der Leute hatte Kälte, Hunger und Erschöpfung überlebt, als sie eines Frühlings ans Meer kamen. Kritdlarssuark ließ ein Lager aufschlagen und begann mit einer Geisterbeschwörung, um genau herauszufinden, wo die neuen Menschen, denen man sich schon nahe glaubte, nun lebten und jagten. Während sich seine Seele durch die Lüfte und übers Meer schwang, blieb sein Leib wie tot zurück. Wieder heimgekehrt, brachte er die gute Nachricht, daß sie nur übers Wasser setzen müßten und endlich am anderen Ufer die langersehnten Menschen antreffen würden. Und so war es auch: Drüben angelangt, fanden sie Hütten und Unterkünfte, doch zeigte sich keine Menschenseele. Sie zogen noch ein Stück Weges weiter und stießen schließlich auf die seit Jahren gesuchten Fremdlinge.
In dieser Wanderung liegt uns wohl, wie Rasmussen anmerkt, das einzige authentische Beispiel einer eskimoischen Völkerwanderung, einer mehrjährigen Reise von einer Polgegend in eine andere, vor.
Der Bericht von Kritdlarssuark erhellt nicht nur die einflußreiche Stellung des Angakok in seiner Kultur und seine Rolle als existentieller und spiritueller Führer. Sie zeigt auch, in welchem Maß sich Menschen unter den harten Naturbedingungen der Arktis auf extrasensorische und hellseherische Fähigkeiten verlassen, um der Hindernisse und Schwierigkeiten der Umwelt Herr zu werden.

Transatlantikflug im Seelenkörper

Die wohl bekannteste außerkörperliche Erfahrung in der ethnologischen Literatur ist die des Sioux-Medizinmannes Black Elk; sie soll daher nur auszugsweise wiedergegeben werden. Während einer Schaustellertournee in Europa verlor Black Elk bei einem Frühstück mit Freunden in Paris plötzlich das Bewußtsein. Die Erfahrung beginnt recht dramatisch: Die Zimmerdecke kommt in Bewegung, das Haus schwenkt herum und hebt sich mit allen Anwesenden in die Höhe, um schließlich ohne ihn, der auf einer Wolke Platz findet, zurückzufallen. Er fliegt nun die Schiffahrtsroute über den Atlantik entlang zurück in seine Heimat, wo er von einer Wolke aus seiner Mutter bei der Arbeit zuschaut. Später, bei seiner wirklichen Rückkehr, bestätigte sie ihm seine Beobachtungen und meinte, auch sie habe ihn wahrgenommen. Drei Tage lang blieb Black Elk bewußtlos. Hier seine Erlebnisschilderung:

»Dann war ich allein auf dieser Wolke, und sie bewegte sich sehr geschwind. Ich hielt mich an ihr fest, denn ich fürchtete, hinabzustürzen. Weit unten sah ich Häuser und Städte, grünes Land und Ströme, und alles sah flach aus. Danach war ich gerade über dem großen Wasser. Jetzt fürchtete ich mich nicht mehr, denn nun wußte ich, daß ich heimwärts ging. Es war dunkel, dann wurde es wieder licht, und dann konnte ich eine große Stadt unter mir sehen. Da wußte ich, es war jene, wo wir zuerst das große Feuerboot bestiegen hatten, und daß ich wieder in meinem eigenen Land war. Ich fühlte mich sehr glücklich. Die Wolke und ich trieben stetig und in großer Eile weiter. Ich sah Städte und Ströme und Städte und grünes Land; da fing ich an, das Land unter mir zu erkennen: den Missouri River, dann weiter in der Ferne die Black Hills und die Mitte der Welt, zu der die Geister in meinem großen Gesichte mich entführt hatten.
Als ich nun gerade über Pine Ridge war und die Wolke stehenblieb, schaute ich hinab und konnte nicht begreifen, was ich sah, denn es schien mir, nahezu alle Leute der verschiedenen Stämme meines Volkes seien dort in einem großen Lager versammelt. Ich sah das Tipi meines Vaters und meiner Mutter; sie waren im Freien, meine Mutter kochte. Ich wollte hinabspringen und bei ihnen sein, doch ich fürchtete, zu Tode zu stürzen. Wie ich so hinabschaute, blickte

meine Mutter herauf, und ich war ganz gewiß, daß sie mich sah. Doch eben jetzt begann die Wolke sich zurückzubewegen, sehr schnell. Ich war traurig, aber ich konnte nicht hinab. Unter mir schwanden Ströme und grünes Land und Städte rasch zurück. Bald flogen die Wolke und ich wieder über die sehr große Stadt. Und dann war nichts als Wasser und ich, und die sternenlose Nacht kam; so war ich ganz allein in einer schwarzen Welt und weinte. Doch nach einiger Zeit begann in der Ferne über mir sich Licht zu zeigen. Darauf sah ich die Erde unter mir, Städte und grünes Land und Häuser, und alles floh zurück. Bald hielt die Wolke an über einer großen Stadt, und ein Haus fing an, zu mir heraufzufahren, und drehte sich während seines Aufstiegs um und um. Als es die Wolke berührte, nahm es mich in sich und begann zurückzusinken. Und es drehte sich mit mir um und um.
Ich berührte den Boden, und da vernahm ich des Mädchens Stimme und hierauf andere Stimmen erschreckter Leute.
Dann lag ich auf dem Rücken in einem Bett, und das Mädchen und sein Vater und seine Mutter und seine Schwestern und ein Arzt schauten mich an mit einem Ausdruck, als wären sie entsetzt. Der Englisch-Kundige von unserer Schautruppe kam und erzählte mir, wie sich alles zugetragen. Ich sei beim Frühstück gesessen; da, sagten sie, hätte ich in die Höhe geblickt und gelächelt und sei dann wie tot von meinem Stuhl gefallen. Drei Tage habe ich so leblos dagelegen, nur ein einziges Mal hätte ich ganz wenig geatmet. Oft konnten sie mein Herz überhaupt nicht fühlen. Sie waren überzeugt, daß ich wirklich bald tot sein werde, und sie dachten bereits daran, für mich einen Sarg zu kaufen.«

Während der Ghost-Dance-Bewegung, die alle Stämme der großen Plains erfaßte, sollte die alte traditionelle Lebensweise wieder heraufbeschworen werden. Viele der Tänzer fielen in Trance und erhielten in der visionären Schau Ratschläge für ein besseres Leben. Auch Black Elk brach bewußtlos zusammen und hatte ein Erlebnis, das Merkmale einer außerkörperlichen Erfahrung aufweist:

»Nach einiger Zeit hatte ich eine merkwürdige Empfindung. Zuerst schien es mir, als wimmelten in meinen Beinen Ameisen. Ich tanzte mit geschlossenen Augen, wie die anderen. Plötzlich war es, als werde ich vom Boden hochgerissen und berühre diesen nicht mehr. Die seltsame Empfindung stieg von meinen Beinen aufwärts und war nun in meinem Herzen. Es schien mir, als schwinge ich vorwärts wie eine Schaukel, und dann wieder zurück, in längeren und immer längeren Schwingungen. Dabei hatte ich keine Furcht, nur ein wachsendes Glücksgefühl.

Ich muß zu Boden gefallen sein, doch mir war, als sei ich von meiner Schaukel geflogen, als sie vorwärts schwang, und als sauste ich nun, Kopf voran, aufwärts durch die Luft. Meine Arme hielt ich ausgestreckt, und alles, was ich zunächst sah, war eine einzelne Adlerfeder, gerade vor mir. Darauf wurde die Feder zu einem gefleckten Adler, der mir voran tanzte und mit den Schwingen flatterte, und er stieß den schrillen, pfeifenden Ton aus, der ihm eigen ist. Mein Körper bewegte sich nicht im geringsten, doch blickte ich aufwärts und glitt mit großer Geschwindigkeit durch die Luft in der Richtung, in die ich blickte.

Rechts vor mir lag ein Felsenkamm, und ich dachte, ich werde dort anrennen, aber ich wurde über ihn hinweggetragen. Auf der anderen Seite des Hanges erblickte ich eine schöne Gegend, wo viele, viele Menschen in einem großen Kreise lagerten. Ich sah, sie besaßen zum Leben die Fülle und waren glücklich. Überall sah man mit Fleisch beladene Trockengestelle. Die Luft war klar und schön von einem alles beglänzenden lebendigen Licht. Ringsum auf dem grünen, grünen Gras weideten wohlgenährte, muntere Pferde; Tiere jeder Art waren auf den grünen Hügeln verstreut, und singende Jäger kehrten mit Fleisch beladen zurück.

Ich schwebte über die Tipis und kam erst in der Mitte des Ringes auf die Füße nieder, wo ich den schönen Baum ganz grün und voller Blüten sah. Als ich den Boden berührte, kamen zwei Männer auf mich zu. Diese trugen heilige Hemden, die auf besondere Art geschnitten und bemalt waren. Sie kamen und sagten zu mir: ›Es ist für dich noch nicht die Zeit, deinen Vater zu besuchen, der glücklich ist. Du hast ein Werk zu verrichten. Wir werden dir etwas geben, das du deinem Volk heimbringen mußt; damit sollen sie kommen, ihre Lieben zu sehen.‹

Ich wußte: Was ich heimbringen sollte, war die Art, wie ihre heiligen Hemden gemacht wurden. Man hieß mich, sogleich zurückzukehren, und dann schwebte ich wieder durch die Luft, so eilig wie zuvor. Als ich wieder über dem Tanzplatz eintraf, tanzten die Leute immer noch, doch schien es, sie gaben dabei gar keinen Laut. Ich hatte gehofft, den dürren Baum nun in Blüte zu sehen, doch er war tot. Dann fiel ich in meinen Körper zurück. In diesem Augenblick hörte ich überall Stimmen um mich und über mir, und ich saß auf dem Erdgrund. Viele drängten sich um mich, fragend, was ich in meinem Gesicht geschaut hätte.«

Interessant sind die Bemerkungen über die physiologischen Begleitsymptome der außerkörperlichen Erfahrung, die zunächst mit einem Gefühl wimmelnder Ameisen in den Beinen beginnen, das sich dann bis in die Herzgegend ausbreitet. Diese Erscheinung ist für ein langsames Taubwerden des Körpers charakteristisch und gipfelt in der Empfindung, plötzlich den Boden unter den Füßen zu verlieren und aus dem eigenen Körper gezogen zu werden. Eine recht anschauliche Beschreibung ist auch das Schaukelgefühl. Wie von einer Schaukel geschleudert, glitt er kopfüber in großer Geschwindigkeit durch die Lüfte. Viele Leute mit außerkörperlichen Erfahrungen berichten, wie sie, während der Körper hinfällt, ihre Bewegungen einfach fortführen, so als ob nichts geschehen sei. Auch Black Elk setzt den Schwung der Schaukel fort und fliegt durch den Raum. Das Schaukelgefühl ist überhaupt eine sehr plastische Beschreibung für das Verlassen des Körpers.
Einige oft erwähnte Jenseitselemente finden wir in dem Hinweis, daß die Menschen in der anderen Welt über genügend Nahrung verfügen und die Landschaft in strahlendes Licht getaucht ist. Bei einer anderen außerkörperlichen Erfahrung, ebenfalls beim Ghost Dance, nimmt er wieder diese wunderbare Atmosphäre wahr:

»Ich erkannte wieder, wie schön der Tag war – der Himmel rein und blau und erfüllt von gelbem Licht über der grünenden Erde. Und ich sah: Alle Menschen waren schön und jung. Da gab es keine Alten, auch keine Kinder – nur Menschen etwa gleichen Alters. Alle waren schön.«

Auch das Motiv des Jungbrunnens, der ewige Jugend und Schönheit verleiht, und des Lebens ohne Alter und Krankheit sind klassische Elemente der Jenseitsexistenz, weshalb wir sie nicht nur als visionäre Wunscherfüllung deuten dürfen. Zwei weitere Begegnungen vervollständigen das Bild einer Jenseitsreise. Black Elk trifft im jenseitigen Dorf auf die erhabene Lichtgestalt eines Häuptlings, der ihn auf die Einheit aller Dinge hinweist und dann selbst erlischt. Black Elk beschreibt ihn:

»Er bot einen sehr edlen Anblick. Während ich ihn unverwandt betrachtete, begann sein Körper sich zu verändern, er wurde sehr schön und leuchtend in allen Farben des Lichts, und Licht war rings um ihn her.«

Auf dem Rückweg zu seinem irdischen Körper überfliegt Black Elk einen schwarzen Fluß, offenbar jene Grenze, die Jenseits und Diesseits trennt.

»Ich wollte gehen, doch da schien mir, ein starker Wind trage mich hoch. Ich war in der Luft, mit ausgestreckten Armen, in raschem Flug. Da sah ich einen gefährlichen schwarzen Fluß, über den ich hinweg mußte, und ich erschrak. Er brauste und tobte und war voll kochenden Schaums. Ich schaute hinab und sah viele Männer und Frauen, die versuchten, das finstere und schreckliche Wasser zu überqueren, aber es gelang ihnen nicht. Weinend sahen sie zu mir herauf und riefen: ›Hilf uns!‹ Doch konnte ich in meinem Flug nicht anhalten, denn es war, als trüge mich ein mächtiger Wind.
Dann gewahrte ich wieder mein irdisches Volk auf dem Tanzplatz und fiel in meinen Körper zurück, der dort lag. Da saß ich auf, die Leute umdrängten mich und fragten, welches die Art meines Gesichtes gewesen.«

Wie alle, die sich nur vorübergehend im Jenseits aufhalten, gleitet auch Black Elk problemlos über den Todesfluß; anscheinend haben nur die wirklich Verstorbenen gegen den Sündenfluß – denn er stellt wohl die individuelle Sündenlast dar – zu kämpfen.
Black Elks Erfahrung weist viele Nah-Todesmotive auf: die Ohnmacht; man hält ihn für tot; er »fällt in den Körper zurück«; außersinnliche Wahrnehmungen (seine Mutter, die er von der Wolke aus sah, bestätigte später seine Wahrnehmungen); der Flug; die Aufforderung zur Rückkehr, da seine Zeit noch nicht gekommen sei; die

Jenseitslandschaft ist schön, strahlend und wie die Erde gestaltet; Begegnung mit einer Lichtgestalt und das Überfliegen des schwarzen Flusses.

Die verweigerte Jenseitsreise

Als der berühmte Anthropologe Frank Hamilton Cushing 1882 mit einigen seiner Freunde aus Zuni (einem Pueblo in New Mexico) zur amerikanischen Ostküste reiste, erzählte ihm sein Adoptivvater Palowahtiwa, Gouverneur von Zuni, von einem bedeutsamen Einschnitt in seinem Leben. Während einer schweren Krankheit in jungen Jahren verließ er seinen Körper und begegnete einem verstorbenen Onkel, der ihn ins Totenreich mitnehmen wollte. Zu Beginn der Erfahrung erlischt das Tageslicht, und Dunkelheit umhüllt ihn, um gleich darauf strahlendem Licht Platz zu machen, das viel heller als das übliche Tageslicht scheint. Er erhebt sich mit seinem Geistkörper, etwas, das ihm mit seinem geschwächten physischen Körper unmöglich gewesen wäre, doch er gelangt nicht ins Totenreich, denn seine Reise, zu der ihn sein Onkel auffordert, wird wider Erwarten verhindert. Er erzählt:

»Und mir ging es von Tag zu Tag schlechter und schlechter. Man sagte, es ginge bergab mit mir, und sandte die Botschaft zu meinen älteren Verwandten und den anderen in Taya und Heshota-tsina. Bevor sie Zeit hatten, zu mir zu kommen, lag ich im Sterben, wie es schien, denn ich war bloß noch Haut und Knochen, atmete schwach, und mein Herz schlug langsam. So lag ich eines Nachmittags da, und obwohl das Licht durch das Fenster hinten im Raum fiel, sah ich es nicht. Mitten am Tage wurde es dunkel, es war schrecklich für mich, doch nur für einen kurzen Augenblick, denn ich hatte alles vergessen. Dann sah ich wieder, und das Licht fiel durch das Fenster hinten im Raum heller als je zuvor, so daß mir alle Dinge klar schienen, sehr klar. Und als ich mich im Raum umschaute, mich wunderte, warum es mir nun so viel besser als die ganze Zeit über ging, lag ich immer noch bei der Feuerstelle, fühlte aber, daß ich nicht mehr länger dort liegen müßte.
Da sah ich einen breitschultrigen, gut gebauten Mann auf mich zu-

kommen, der die Tür geöffnet hatte und eingetreten war ... Er kam auf mich zu und hielt in der einen, zur Tür hin ausgestreckten Hand ein Lasso, so als ob er ein Pferd hinter sich herführen würde. Dann stand er über mir, schaute zu mir herunter und lächelte, ohne mich gebührend zu begrüßen, brachte aber das Wort ›*keshi*‹ hervor [das übersetzt werden kann mit ›Ist alles vorbereitet?‹ oder ›Ist alles fertig?‹]. Dann sagte er zu mir: ›Möchtest du mit mir kommen?‹ Und ich schaute zu ihm auf und meinte: ›Warum nicht? Aber ich kenne dich nicht‹, wandte ich ein und schaute zu ihm auf, als ob ich in ein starkes Licht sehen würde und schirmte mir mit der Hand die Augen ab. ›Mir scheint, ich kenne dich, und doch kenne ich dich nicht.‹

›Mein Kind‹, sagte er lächelnd, ›es ist nicht verwunderlich, daß du mich nicht kennst. Ich bin dein Urgroßonkel und verließ Zuni vor langer, langer Zeit, bestimmt lange bevor du im Bauch deiner Mutter warst.‹

›Oh, ja!‹ sagte ich.

›Also, bist du bereit, mit mir zu kommen?‹

›Ja‹, sagte ich.

›Das ist gut‹, sagte er. ›Damit diese Reise, die sehr lang ist, dir nicht ungewohnt vorkommt, habe ich ein Paar gute Pferde mitgebracht, so wie sie meine Leute benutzten und, wie ich sehe, sie dein Volk heutzutage immer noch gebraucht. Alles ist für dich bereit, das Pferd gesattelt und gezäumt, es ist ein gutes Pferd. Komm, laß uns aufbrechen.‹ Und er drehte sich um, um das Lasso aufzunehmen, und führte mich zur Tür.

Noch während ich mich von meinem Bett recht leicht erhob, erschien die Gestalt eines kleinen alten Mannes – nicht mehr im Begriff, durch die Wand gegenüber zu gleiten, sondern schon hindurch –, der in ein sehr altes Gewand meines Volkes gekleidet war. Seine weiße Tracht bestand aus Leggings, aus geknüpftem, geschmeidigem Baumwollzeug, das mit Mustern versehen und an den Beinen mit Fransen besetzt war, und aus einem bestickten Lendenschurz und einem bestickten weitärmligen Baumwollumhang. Sein Haar war weiß wie Schnee, sehr lang und fiel ihm zu beiden Seiten des Kopfes herab und war hinten zu einem sonderbar altmodischen Knoten aufgewickelt. Sein Gesicht war zweifellos freundlich, aber sehr alt; er war klein, nicht mal so groß, daß er bis

zum Fenstersims reichte. Obgleich so uralt, kam er mit leichtem und majestätischem Schritt, geräuschloser als der Wind, einher.
Er ging auf meinen Onkel zu, streckte seine Hand aus, legte sie auf meines Onkels Ärmel und sagte zu ihm: ›Was machst du hier, mein Sohn?‹
›Ich bin wegen ihm, unserem Kind, gekommen‹, antwortete mein Onkel.
›Warum!‹ sagte der alte Mann und schaute ihn zwar nicht scharf, aber mit einem gebieterischen Blick an. ›Er ist jetzt noch nicht bereit. Du darfst ihn nicht mitnehmen. Geh zurück! Geh zurück, mein Sohn!‹ sagte er. ›Für viele Jahre wird er noch nicht bereit sein!‹
›Aber er ist bereit‹, erwiderte mein Onkel, senkte seinen Kopf auf die Brust und begann das Lasso aufzunehmen.
›Aber wir sind noch nicht bereit, selbst wenn er es ist‹, sagte der alte Mann. ›Laß ihn und geh.‹
Mein Onkel drehte sich um, nicht traurig, aber gedankenvoll, und verschwand durch die Tür.
Dann wandte sich der alte Mann mir zu, kam zu mir herüber, wo ich lag, und schaute mich an: ›Mein Sohn‹, sagte er, ›es ist noch nicht an der Zeit für dich zu gehen. Wir wünschen es nicht. Durch schwere Krankheit erlangt man manchmal Weisheit. Deshalb bist du krank geworden. Du bist so krank gewesen, daß es hieß: ›Er wird uns verlassen.‹ Aber du wirst nicht gehen, nein. Für viele lange Jahre wirst du nicht gehen; du wirst alt werden, sogar so alt wie ich, bevor du gehst. Dein Haar wird weiß, dein Gesicht zerfurcht sein, und du wirst kleiner werden, so wie du bis jetzt Jahr für Jahr größer geworden bist. Gingst du jetzt schon, wäre einer weniger in der Welt, wo einst so viele wohnten, die uns jene Aufmerksamkeit schenken, die wir so lieben. Einer von jenen, die uns Gebetsfedern opfern, wie es sich in alten Zeiten ziemte, die zu uns beten, uns grüßen und uns zeigen, daß uns unsere Kinder unter den Menschen nicht vergessen haben. Dieses Verhalten ist für uns sehr angenehm; wir möchten es auch nicht von einer Person missen, so wenige sind von unseren Priestern übriggeblieben, deren Tage noch nicht gezählt sind und die nicht vollständig und mit endgültiger Bestimmung die Trennlinie ihres Lebenslichts erreicht haben. Lebe, mein Kind! Werde gesund! Und wenn die Zeit für dich reif

sein wird zu gehen, wird es verkündet werden. Ja, und wir werden dich abholen. Lebwohl. Es sei so, wie ich gesagt habe.‹

Der kleine alte Mann drehte sich um, und ich verlor ihn aus den Augen. Alles wurde erneut dunkel, und im nächsten Augenblick hörte ich die Leute weinen, weinen und weinen über mich; schon fingen sie an, meine Hände und Füße wundzureiben, denn sie dachten, ich sei soeben gestorben.«

Ebenso aufschlußreich wie verwirrend ist der kulturelle Rahmen, in dem dieses Bewußtseinsabenteuer stattfindet. Der Onkel Palowahtiwas ist in der traditionellen Zunitracht gekleidet, und der kleine alte Mann trägt gleichfalls Kleider einer längst verflossenen Epoche. Der Onkel hält sogar Pferde bereit, um Palowahtiwa die Reise nicht etwa zu erleichtern, sondern um ihr den Charakter des Gewöhnlichen zu geben. Die Reise ins Totenreich soll ihn nicht schockieren und sich von einem normalen Ausritt während des irdischen Alltags nicht unterscheiden.

Ähnlich wie visionäre Erscheinungen kulturspezifische Züge tragen, ist auch das Nah-Todeserlebnis stark subjektiv und kulturell geprägt. Auch im alternativen Bewußtseinszustand verfolgt uns unsere kulturspezifische Sozialisation. Der menschliche Geist kann seiner kulturellen Konditionierung nur schwerlich entrinnen, immer wieder holt ihn seine eigene Geschichte ein. Umstellt von den Schatten seiner eigenen Imagination, imaginiert er auch in jenseitigen Bereichen Länder, Städte, Menschen, Tiere und Verhaltensweisen, die seinem irdischen Lebensumfeld entstammen. Die Entschleierung der konditionierten Wahrnehmung ist die eigentliche und ewige Aufgabe der Wissenschaft, und das Fortreißen des uns zu blinden Phantasten machenden Schleiers kultureller Erwartungen ist das Ziel einer transpersonalen Anthropologie.

Trotz aller kulturspezifischen Metaphorik erfährt Palowahtiwa eine Reihe bekannter Motive der außerkörperlichen Erfahrung: den Tunnel, beziehungsweise den Eintritt in ein strahlendes Licht; die Begegnung mit einem verstorbenen Verwandten und höheren Geistführer; das Verlassen des Körpers; die Vorbereitung der Reise ins Totenreich; das Zurückgerufenwerden durch eine bedeutende Geistpersönlichkeit; Voraussagen über sein Leben; den Hinweis, die Krankheit sei ihm geschickt worden, damit er die Weisheit der

Überlieferung und Tradition achten lerne; und zum Schluß erneutes Eintauchen in die Sphäre der Dunkelheit und das Erwachen auf der anderen Seite der Existenz, wo sich seine Verwandten bereits auf seinen Tod eingestellt haben.

Die Geburt eines Propheten

Der Seneca-Indianer und spätere Prophet Handsome Lake befand sich schon seit mehreren Jahren in einem schlechten Gesundheitszustand, als sich ihm die Tore zum Totenreich öffneten. Aus dieser Erfahrung schöpfte er seine Idee für eine Wiederbelebung und Neubegründung der indianischen Religion.

Als Handsome Lake bewußtlos zusammenbrach, fingen ihn drei Männer in Zeremonialkleidung auf. Sie wiesen sich als Botschafter des Schöpfers aus, der sie zu ihm gesandt habe, weil er zur Belohnung für seine demütige Haltung von seiner Krankheit geheilt werden sollte. Der Schöpfer überbrachte ihm eine Botschaft, die sich in wenigen Worten zusammenfassen läßt: Whisky trinken, böse Zauberei, Liebesmagie, Abtreibungs- und Sterilitätsmedizin – wer sich diesen schlechten Handlungen hingibt oder sich dieser schädigenden Mittel bedient, muß dafür büßen.

In späteren Jenseitsvisionen erschien ihm ein vierter Engel, den er für den Großen Geist hielt und der ihn aufforderte, ihm zu folgen. Handsome Lake erwiderte nichts; schnell beauftragte er seine Verwandten, sie möchten ihm keine Totenkleidung anlegen, selbst dann nicht, wenn er wie tot aussähe; auch sollten sie jegliche Berührung seines Leibes vermeiden. Jetzt ginge er von ihnen, meinte er, aber nicht für immer, da ihn sein Volk noch brauche.

Sein Aufenthalt im Land der Toten währte, wie er später verkündete, sieben Stunden. Dort durchwanderte er mit einem Führer, der in Blau gekleidet und mit Pfeil und Bogen ausgerüstet war, Himmel und Hölle und wurde über den Plan des Kosmos unterrichtet, was er später zur Lehre seiner neuen Religion ausbaute. Während er von seinem Führer und den drei Botschaftern umgeben auf der Erde stand, näherte sich ihm plötzlich die Milchstraße, und er gewahrte die Spuren der menschlichen Rasse – Fußstapfen in Form einzelner Sterne, die teils stärker, teils schwächer leuchteten.

Bald erschien ein glänzendes Licht; es war der Pfad der Seelen, der ins Totenreich führte und den er nun selbst entlangwandelte. Mit ihm strebten viele Menschen himmelwärts. Eine Folge von Bildern, die sein Begleiter erläuterte, drängte sich ihm auf. Da erkannte er, daß die christliche Religion für die Indianer schlecht sei. Wie sie so weiter vorwärtsglitten, begegnete ihnen auch Jesus, der verkündete, sein Volk könne nur überleben, wenn es sich von der Religion des weißen Mannes abwende. Nun sahen sie in einiger Entfernung, wie sich die Himmelsstraße gabelte und die Richter den Seelen ihren Weg zuwiesen. Auf dem breiten Weg gelangte man zur Hölle, auf dem schmalen in den Himmel.
Handsome Lake warf einen flüchtigen Blick in die Hölle mit all ihren Bestrafungen: Trinker müssen dort geschmolzenes Metall hinunterschlucken; streitsüchtige Ehepaare schimpfen so lange aufeinander ein, bis ihnen die Augen aus dem Kopf stehen; Hexen kocht man in einem Kessel. Auf dem Weg zum Himmel empfing ihn sein verstorbener Sohn und sein Hund, den er geopfert hatte. Sein Führer erteilte ihm nochmals einige wichtige Ratschläge und prophezeite, die drei Botschafter sähe er erst bei seinem endgültigen Tode wieder, wenn sie ihn dann holten, um ihn für immer ins Totenreich zu geleiten. Damit entließ ihn der Führer, und Handsome Lake kehrte als Prophet in sein kleines Dorf an den Ufern des Allegheny-Flusses zurück.

In dieser sehr verkürzt wiedergegebenen Jenseitsreise reiht sich mit erstaunlicher Konsequenz ein Jenseitsmotiv an das andere: Ohnmacht, Begegnung mit himmlischen Botschaftern und Geistführern, die Weggabelung, an der das Gericht abgehalten wird, die Trennung des Weges in einen himmel- und einen höllewärts führenden Pfad, der kurze Einblick in die höllische Bestrafungsszenerie, die Wanderung auf dem Himmelsweg, Visionen über den kosmischen Ursprung der Menschheit, Unterricht in himmlischer Ontologie und der typische Hinweis auf die Rückkehr der Botschafter beim tatsächlichen Tod. Darüber hinaus zeigte man Handsome Lake auch seine zukünftige himmlische Wohnung, die er jedoch nicht betreten durfte, da er sonst nicht mehr zur Erde hätte zurückkehren können.
Oft erhalten Propheten ihre Inspiration aus einer Jenseitsreise;

Handsome Lake ist kein Einzelfall, es scheint im Gegenteil so, daß Erleuchtungserlebnisse dieser Art die Grundlage für die Offenbarung vieler Religionen und Philosophien bilden. Dennoch gilt es festzuhalten, daß sich eine Himmelfahrt oder Jenseitsreise, wie wir sie etwa auch bei Emanuel Swedenborg, Jesus oder Mohammed antreffen, nicht zu verwechseln ist mit einer mystischen Erleuchtung, der die charakteristische Sequenz des Nah-Todeserlebnisses fehlt.

Ich lief durch schwingende Hügel

Essie Parrish, eine Kashia-Pomo-Schamanin, war Führerin des *Bole Maru*, einer religiösen Bewegung, in der christliche und traditionell indianische Elemente zusammenkommen. Parrish war eine *Maru*, eine Träumerin, die Zeremonien und Tänze leitete, die sie durch Träume erhalten hatte. Ihre erste spirituelle Erfahrung überkam sie mit sieben Jahren, als sie einem Mann begegnete, der einen magischen Federmantel trug; dabei wurde sie bewußtlos. Hier hören wir von ihrer Bewußtseinsreise, die viele klassische Merkmale einer Himmelfahrt aufweist und die sie in dem Glauben bestärkte, es sei lebensnotwendig, die Religion ihres Volkes wiederaufzubauen:

»Und so machte ich mich auf. Durch schwingende Hügel lief ich – Berge und Täler und schwingende Hügel, und ich lief und lief. Dort, in den schwingenden Hügeln, hörst du viele Dinge, und ich lief und lief, bis ich zu einem Steg kam. Zu meiner Rechten befanden sich ziemlich viele Leute, sie waren nackt und schrien: ›Wie kommst du da rüber, wir wollen auch dort hinüber, aber wir können hier nicht weiter. Bitte komm zu uns und hilf uns beim Überqueren, das Wasser ist zu tief für uns.‹ Ich beachtete sie nicht, ich lief nur und lief, und dann hörte ich ein Tier. Es klang wie ein großer Hund, und da stand ein großer Hund und neben ihm eine große Frau in blauer Kleidung, und ich entschied mich, geradewegs durch sie hindurchzugehen. Ich tat es, und der Hund knurrte mich nur an. Geh nie zurück.
Ich lief und lief und kam zu einem einzelnen Baum, ging zu ihm hinüber, schaute an ihm hinauf und las die Botschaft: Geh weiter, die Hälfte des Weges hast du hinter dir. Von da an fühlte ich mich

ein bißchen besser. Und ich lief und lief und lief und lief und lief und sah Wasser, ein großes Wasser – wie komme ich da durch? Ich fürchte, es ist tief. Sehr blaues Wasser. Doch ich muß weiter. Setze den ersten Fuß vor, dann den linken – benutze nie die linke Hand – und ich kam durch.

Ging weiter, immer weiter, und ich mußte einen Ort betreten, und von dort mußte ich hinunterschauen: Es war heiß, und dort waren Menschen, und sie schauten winzig aus dort unten im Ofen, wo sie schreiend umherrannten. Ich mußte hinein. Siehst du, diese Proben sind da, um mein Volk das Leben zu lehren. Das Feuer verbrannte mich nicht.

Und ich lief und lief und lief und lief. Auf der Wanderung wirst du leiden. Ich kam zu einer Wegkreuzung, die wie ein Kreuz aussah. Welcher ist der richtige Weg? Ich wußte es bereits. Osten ist der richtige Weg, um in den Himmel zu kommen. Norden, Süden und Westen sind gefährlich. Auf dieser Kreuzung war ein Platz in der Mitte. Gen Norden kannst du die wunderbaren Dinge dieser Erde sehen; Hügel und Felder und Blumen und alles wunderschön.

Ich wollte am liebsten danach greifen, doch ich wandte mich ab. Der Süden war dunkel, doch hörte ich Töne, Ungeheuer und riesige Tiere. Und ich wandte mich ab und lief ostwärts, und ich lief und lief und lief.

Zu beiden Seiten des Weges standen Blumen; Blumen über Blumen über Blumen, die nicht von dieser Welt waren.

Und während du läufst, ist weißes Licht im Zentrum. Das ist das Verwirrende dabei: Mein Bewußtsein veränderte sich. Wir sind die Menschen auf der Erde. Wir wissen um Traurigkeit und Erkenntnis, um Glauben und Begabung und alles andere. Nun, als ich so dahinlief, war mir an manchen Orten zum Weinen zumute, an anderen zum Sprechen und an einigen Orten zum Tanzen, aber ich belasse sie so für die nächste Welt. Dann, als ich diesen Ort betrat, wußte ich: Wenn du den Himmel betrittst, wirst du womöglich arbeiten müssen. Das sah ich in meiner Vision. Ich muß nirgendwohin gehen, um zu sehen. Visionen sind überall.«

In dieser Reise begegnen wir wieder den vertrauten Motiven: der Brücke; den nackten Menschen, die im tiefen Wasser hilflos einherpaddeln und den Übergang nicht schaffen; den Wächtern der anderen Welt – dem Hund und der großen Frau; und dann dem Baum, der an den Weltenbaum erinnert und durch den sich Parrish gekräftigt und ermutigt fühlt. Nachdem sie die schwingenden Hügel, die Wächter und ein großes Wasser, durch die sie einfach furchtlos hindurchlief, überwunden hatte, passierte sie eine Art Hölle; doch auch hier gelangte sie unbeschadet durchs Feuer. Dann treffen wir auf das häufige Motiv der Wegkreuzung – einen wirklichen Scheideweg. Parrish wählte den Osten, den mit überirdischen Blumen gesäumten Weg zum Himmel. Während ihrer langen Wanderschaft begleitete sie das weiße Licht, das – wie wir es aus allen Traditionen kennen – den Menschen erleuchtet und erhebt.

Parrish sagte: »Wenn du den Himmel betrittst, wirst du womöglich arbeiten müssen.« Denn wer in den Himmel eingedrungen ist, verspürt bald in sich den Drang, andere ebenfalls in Kontakt mit der spirituellen Dimension zu bringen, um ihnen zu zeigen: »Visionen sind überall«, was wohl so viel heißt wie: Von jedem Ort aus ist die andere Welt oder die wirkliche Struktur der Dinge sichtbar. Deshalb kann Parrish auch behaupten: »Ich muß nirgendwohin gehen, um zu sehen.«

Miriru – die Begattung mit der Ungud-Schlange

Die bisher beschriebenen außerkörperlichen Erfahrungen weisen alle eine deutliche Struktur auf; der Mechanismus der Bewußtseinsprojektion oder das Verlassen des Körpers tritt überall plastisch hervor. Doch ist in vielen Berichten das Motiv der Seelenreise nur schwer zu erkennen, denn einige Kulturen haben dieses Erlebnis so in ihr symbolisches Denksystem eingebaut, daß wir die eigentliche psychische Erfahrung dahinter kaum noch erkennen können. Ein Beispiel aus Australien soll uns diese Schwierigkeit vor Augen führen.

Ein Medizinmann der Unambal in Nordwest-Australien besitzt allgemein die Fähigkeit, die Seele vom Körper abzuspalten; in diesem Zustand des Miriru verkehrt er mit den Totengeistern. Yà-yari, die Seele des Medizinmannes, schlüpft aus seinem Körper, klettert auf einen Baum und steigt an einer dünnen Schnur ins Totenland hinauf. Der Hilfsgeist des Medizinmannes geleitet die Seele, und beide schauen nun den Tänzen der Toten zu, die später den Menschen auf der Erde gelehrt werden. Ebenso werden die Gesänge der Toten den Lebenden beigebracht; als sogenannte Corróborees wandern sie dann von Stamm zu Stamm und verbreiten sich so über weite Gebiete. Einen Corróboree aus dem Totenland zurückzubringen, nennt man »einen Corróboree finden«.

Selbst ganze Gruppen reisen ins Totenland; sie setzen sich hintereinander auf große Tanzhölzer, vorne und hinten sitzt je ein Medizinmann, alle sind durch eine Menschenhaarkordel miteinander verknüpft. Andere Männer hocken sich um die Gruppe herum und singen so lange, bis sie in Trance fallen. Sind bei der Rückkehr aus dem Jenseits die Tanzhölzer mit Blut beschmiert, heißt das: Unterwegs hatten wir Gefahren zu meistern, dabei wurde die geistige Substanz der Hölzer verletzt.

Der Medizinmann verläßt den Körper mit seiner Seele und reitet auf der mythischen Ungud-Schlange, dem Ausdruck der Regeneration, Spiritualität und Transzendenz, die aus seinem Phallus entstanden ist, durch die Lüfte. Vor dem Flug hat der Medizinmann die Empfindung, auf einen Baum zu klettern, von dem aus er sich mit der Ungud-Schlange in die Luft erhebt. Die Ungud-Kraft entweicht zwar dem Körper, bleibt aber durch einen dünnen Faden, der aus dem Penis des Mannes austritt, mit diesem verbunden. Nach dem Erwachen aus der Trance und der außerkörperlichen Erfahrung erscheinen einem die Flugerlebnisse wie ein Traum.

Während des Fluges begatten sich die Medizinmänner mit der Ungud-Schlange. Oft glauben sie auch, zwischen zwei Ungud-Schlangen liegend zu reisen, die sich während des Fluges paaren. Dieses Geschehen kann nur von einem anderen Medizinmann mit seiner inneren Wahrnehmung verfolgt werden, nicht aber von einem Uneingeweihten.

Die Gleichsetzung von Ungud-Schlange und Erektion, das heißt die Verbindung von regenerativer, spiritueller und sexueller Kraft, erinnert an die indischen Vorstellungen der Kundalini-Energie, die in Form einer Schlange die Wirbelsäule emporsteigt und, sich von Chakra zu Chakra schlängelnd, die Entfaltung des Bewußtseins vorantreibt. In der Begattung der Schlangen, zwischen denen der Medizinmann liegt, finden wir ein weiteres plastisches Bild für den Anstieg der psychischen Energie, die offenbar dazu beiträgt, die

Seele vom Leib abzulösen und den Flug durch den Raum zu erlauben. Der Unambal-Medizinmann steigt erst auf einen Baum, wohl den Weltenbaum, hinauf, bevor er sich entlang eines Seils ins Jenseits hinüberhangelt. Eine Vision des kosmischen Baumes, der als Symbol des Durchbruchs zu einer anderen Bewußtseins- und Daseinsebene gilt, mag ohne weiteres einer außerkörperlichen Erfahrung vorausgehen. Diese wunderbare, symbolträchtige und mythische Beschreibung einer Bewußtseinsverwandlung, wie wir sie überall in Australien finden, gehört zu den großen Leistungen der australischen Kultur.

Der Kontakt mit der überwältigenden abendländischen Zivilisation birgt viele Gefahren für die australische Urbevölkerung in sich. Ein tragikkomisches Resultat der Akkulturation liegt uns in dem Vergleich vor, den viele Aborigines zwischen den einheimischen Blackfellow-Doctors oder den Bàn-Men und den westlichen Ärzten ziehen. Der weiße Arzt kommt mit dem Flugzeug angeflogen, er öffnet den Körper, untersucht die Eingeweide und schließt den Körper wieder. Das hat viele Ähnlichkeiten mit den eigenen Doctors: Auch sie können fliegen und den Körper des Patienten öffnen, eventuell etwas hineinlegen oder gar etwas herausholen und anschließend die Wunde wieder zusammendrücken. Doch den drastischen Unterschied, nämlich daß die Bàn-Men im Gegensatz zum Arzt diese Operation nur in einem veränderten Bewußtseinszustand ausführen, übersieht man. Paradoxerweise stärkt daher heute ausgerechnet der weiße Arzt den Glauben an die Kräfte und Fähigkeiten der eigenen traditionellen Heiler.

Die außerkörperliche Erfahrung

Daß außerkörperliche Erfahrungen nicht nur in tranceartigen und komatösen Zuständen auftreten, dokumentiert Celia Green in ihren Untersuchungen. Sie sammelte Berichte von Personen, die zum Beispiel beim Motorradfahren, während sie eine Rede hielten oder auf der Bühne sangen, sich selbst von außen beobachteten. Dabei handelte es sich vornehmlich um Aktivitäten, die die Aufmerksamkeit ganz beanspruchen und eine kritische Selbstreflexion ausschalten. Die Sammlung der Aufmerksamkeit in einem Punkt ist bekanntlich eine unabdingbare Voraussetzung für alle veränderten Bewußtseinszustände. Bei einigen Personen geht der außerkörperlichen Erfahrung ein Zustand ungewöhnlicher Wachheit voraus, andere befinden sich vorher in einer tiefen Entspannung, die bisweilen von Lähmungsgefühlen begleitet ist. Oft tritt die außerkörperliche Erfahrung auch in Folge von Streß, Krankheit oder physischem Trauma auf.

Die Reaktion auf eine erste außerkörperliche Erfahrung ist meistens Erstaunen und erheiterte Überraschung. Dennoch beenden einige die Erfahrung prompt, wenn sie des eigenen Körpers ansichtig werden. Der Schock des Ungewöhnlichen ruft sie abrupt ins Wachbewußtsein zurück. Die meisten Personen beschreiben ihre Position in diesem Zustand als »oberhalb des Körpers«, oder sie fühlen, wie sie unterhalb der Zimmerdecke schweben. Einige fallen während des Schlafs durch das Bett hindurch, andere fühlen ihre Beine hinabsinken, bis sie aufrecht stehen, oder sie schweben einfach aufwärts. Verschiedene Personen entwickeln während der außerkörperlichen Erfahrung sogar eine gewisse Neugierde und forscherische Ambition, ja sie versuchen sogar zu experimentieren, um die Eigenart dieses ungewöhnlichen Zustandes zu erhellen.

Die Gegenstände sehen während dieser Erfahrung unverändert substanziell aus, die Farben sind jedoch ungleich heller und leuchtender, sie scheinen zu leben und aus sich heraus zu strahlen. Tritt die außerkörperliche Erfahrung nachts auf, ist das ganze Zimmer in strahlendes Licht getaucht, und auch im Freien ist es heller als am Tag. Die Umgebung sieht im außerkörperlichen Zustand oft anders aus als bei späterer Nachprüfung im Normalzustand. Besonders bei bewußten Experimenten treten solche Wahrnehmungsunterschiede auf. Einige Personen erklären, sie sähen die ganze Umgebung in einem Unkreis von 360 Grad, oder sie sehen durch Objekte hindurch und nehmen Dinge über weite Entfernungen hin wahr. Wieder andere sagen aus, sie hätten dabei einen größeren Überblick über Geschehnisse, Zugang zu umfassenden Informationen und das Gefühl, direkt zu wissen, ohne denken zu müssen – eine Art Allwissenheit und Omnipotenz. Stellen sie für sich Fragen, erhalten sie sofort eine Antwort darauf. Zudem glauben sie, in einem Augenblick das ganze Universum durchmessen zu können; dieses »reisende Hellsehen« erlaubt ihnen, jeden Punkt des Universums zu erforschen.
Auch die intellektuelle Kapazität ist erhöht, die Gedanken kommen so schnell wie ein Blitz, das Denken ist aktiver und reger. Insgesamt gesehen ist die Erfahrung jedoch mehr passiv beobachtend und weniger analytisch. Die Personen erinnern auch ihr normales Bewußtsein und glauben, daß sie in der außerkörperlichen Erfahrung die äußerste Grenze ihres Aufmerksamkeitspotentials erreichen. Nach Green berichten 56 % der untersuchten Personen von einer gesteigerten Wachheit und Konzentration. Allgemein beschreiben sie die außerkörperliche Erfahrung mit solchen Worten wie natürlich, vollkommen, wirklich, beschwingt, leicht, frei, erhaben, vital und gesund. Andererseits besteht auch eine gewisse Furcht, nicht in den Körper zurückzugelangen, sich zu weit von ihm zu entfernen oder die Kontrolle zu verlieren.
Charles Tart unternahm es, die außerkörperliche Erfahrung unter Laborbedingungen zu untersuchen. Die herausstechenden Merkmale, die er dabei fand, sind folgende:

1. Das Gefühl zu schweben.
2. Man sieht seinen eigenen Körper.
3. Man befindet sich plötzlich an jenem Ort, an den man gerade dachte.

4. Man glaubt, einen nicht-physischen Körper zu besitzen.
5. Es herrscht die absolute Gewißheit, daß die Erfahrung kein Traum war.

Tart ist der Ansicht, daß bei den meisten Menschen eine außerkörperliche Erfahrung höchstens einmal im Leben auftritt. Was die Erfahrung auslöst, darüber sind sich die wenigsten Menschen im klaren; sie sind erstaunt und können ihre erweiterte Wahrnehmungsweise nicht einordnen. Er betont, daß die Gleichsetzung von Traum und außerkörperlicher Erfahrung eine unangemessene Vereinfachung darstellt und daß der Terminus »Traum« eine zu grobe Kategorie für alle jene Zustände ist, die während des Schlafs auftauchen.

Die Ableitung der Gehirnwellenaktivität während dieser Erfahrung ist sehr schwierig, besonders deswegen, weil dazu Versuchspersonen gefunden werden müssen, die sozusagen auf Befehl ihren Körper verlassen können. Tarts EEG-Untersuchungen ergaben keine eindeutigen Ergebnisse, zumal sie sich auf wenige Personen beschränkten. Tart vermutet jedoch, daß langsame Alpha-Aktivität und eine traumfreie Phase charakteristisch für diesen Zustand sind. Als Voraussetzung für die Induktion einer außerkörperlichen Erfahrung erwähnt er an erster Stelle die Traum-Kontrolltechnik, in welcher der Träumer erkennen muß, daß er träumt, und dann versucht, den Traum in eine außerkörperliche Erfahrung umzuwandeln. Als zweite Methode nennt er die Verwendung der hypnagogen Phase zwischen Wachen und Schlafen, von der aus man sich gut in diesen Zustand versetzen könne. Als dritte Möglichkeit führt er die Entwicklung eines Trancezustandes an.

Bei einer Versuchsperson Tarts traten während der außerkörperlichen Erfahrung flache Alpha-Aktivität und normaler Herzschlag auf, kein REM-Schlaf und keine bedeutsame Hautwiderstandsänderung. Diese Ergebnisse stehen nicht nur zur abendländischen okkulten Tradition im Widerspruch, die einen Komazustand mit verlangsamter Atmung und herabgesetztem Herzschlag betont, sondern auch zur Situation in Nah-Todeserlebnissen, die unter extremen psychophysischen Gegebenheiten auftreten. Offenbar gibt es verschiedene Auslöser. Einerseits mag die Person in einem ruhigen physiologischen Zustand verbleiben, andererseits können sich die biologischen Funktionen schlagartig verändern.

Die außerkörperliche Erfahrung muß nicht unbedingt in der charakteristischen Nah-Todessequenz enden. Der folgende Bericht des amerikanischen Mediums Eileen Garrett ist charakteristisch für ein solches außerkörperliches Erleben. Garrett projiziert einen Teil ihrer selbst an andere Orte, um Informationen zu erhalten; das hört sich vielleicht wie eine außerkörperliche Erfahrung an, erinnert aber gleichzeitig an Hellsehen oder »*remote viewing*«. Garrett schreibt:

»Ich erfahre in mir eine Empfindung des ›Fließens‹, und zur gleichen Zeit bewegt sich etwas aus mir heraus auf einen Gegenstand zu, bleibt jedoch ein charakteristischer Teil meiner selbst. Durch einen unbeschreiblichen Kontakt, der zwischen mir und dem Gegenstand stattfindet, wird mir sein ›Leben‹ verständlich. Ich *weiß* um die Natur eines Baumes oder einer Blume oder eines Felsens teilweise durch das Auftreten dieser Emfindung. Dieser Vorgang ist augenblicklich und zeitlos. Man braucht viel länger, ihn zu beschreiben, als er benötigt, um sich zu entfalten.
Ich kann einen Teil meiner selbst an entfernte Orte und zu anderen mir bekannten Leuten projizieren – ein Vorgang, der sich sehr früh bei mir als ein Spiel entwickelte, um langweilige Tage zu überbrükken, wenn ich während der langen Winter oft krank im Bett lag. Seitdem hat es sich entwickelt und gehört jetzt zu meiner körperlichen Ausstattung. In der Stille meines eigenen Zimmers konnte sich mein nebelhaftes Ich in die äußere Welt ausdehnen.«

Die wissenschaftliche Erforschung der außerkörperlichen Erfahrung hat gerade erst begonnen. Wir besitzen heute weder eine klare Vorstellung davon, welche physiologischen Merkmale charakteristisch dafür sind, noch wissen wir, welche Stellung sie im Gefüge höherer Bewußtseinszustände einnimmt. Ist es ein psychischer Sonderzustand oder nur eine Variante alternativer Bewußtseinszustände? Wie es auch immer sei, die außerkörperliche Erfahrung mag im Wachzustand ebenso wie im Schlaf, im Traum, in der hypnagogen Phase oder während anderer transpersonaler Zustände auftreten. Eines läßt sich allerdings mit Gewißheit sagen: Der außerkörperliche Zustand ist Voraussetzung für die Erfahrung eines Bewußtseinsjenseits, die wiederum die religiösen Anschauungen aller Kulturen entscheidend beeinflußt hat. Diese Erfahrung steht damit im Mittelpunkt der Religionsethnologie und sollte Anlaß zu breitangelegten Forschungen geben.

Daisetz T. Suzuki

Die Erleuchtung des inneren Selbst

Amida Buddha war einst ein menschliches Wesen, aber es ist recht schwierig, genau zu bestimmen, wann er lebte. Es war vor langer, langer Zeit, und als er ein Menschenwesen war, war er einer der Söhne eines großen Königs. Als er sah, wie leidvoll das menschliche Leben war, wollte er die Menschen von diesem elenden Dasein befreien und sie ans andere Ufer des Stromes von Geburt und Tod geleiten. Er war so voller Mitgefühl, daß er all die Leiden der anderen mitempfand, als wären sie seine eigenen. Sein Interesse für alle Wesen war ungetrübt von Egoismus. Es war vollkommen altruistisch. Im allgemeinen ist jegliches Interesse, das wir für andere empfinden, nur eine Form des Interesses für uns selbst. Manche gehen so weit, zu behaupten, daß es in uns gar keine altruistischen Impulse gäbe, aber dieser Meinung kann ich mich nicht anschließen. Wir haben altruistische Impulse, und das beweist sich oft genug. Wir vergessen uns selbst und riskieren unser Leben für andere, und während wir das tun, denken wir nicht darüber nach. Wir tun es impulsiv, was darauf hinweist, daß unser Handeln unserer unwissenden Natur entspringt.

Amida Buddha wird im allgemeinen als Vertreter dieses altruistischen Impulses dargestellt, der tief in der menschlichen Natur, vielleicht im Kosmos selbst verwurzelt ist. Um Altruismus zu erlangen, muß man – entsprechend indischer Denkart – sich von allen unreinen Empfindungen und Gefühlen befreit haben, sonst kann man nicht erwarten, andere zu retten. Darum wollte Amida Buddha sich vervollkommnen.

Eine andere verbreitete Lehrmeinung der indischen Denker oder religiösen Führer besagt, daß, wenn jemand spirituelle Vollkommenheit erreicht hat, der Ort, an dem er sich befindet, beziehungs-

weise seine Umgebung sich mit ihm verändert. Das heißt, wenn ein Mensch die Erleuchtung – moralische Vollkommenheit – erlangt, so verändert sich seine Umgebung im Einklang mit seiner subjektiven Wandlung. Als Amida die Erleuchtung erlangte, veränderte sich dementsprechend seine Umgebung in der gleichen Weise wie er selbst. Das Land oder Reich, wo auch immer er sich befand, veränderte sich mit ihm und wurde zu einem Ort, der anderen in ihren Bemühungen um die Erleuchtung förderlich war. Andere Menschen, die zu diesem Land kommen, welches das Reine Land genannt wird, erlangen die Erleuchtung, ohne gegen überlegene Kräfte oder gegen widrige Umstände ankämpfen zu müssen.
Als Amida das Leben eines menschlichen Wesens führte, gab es einen großen Buddha, von dem Amida die Erleuchtung erlangen wollte, um zur Schöpfung des Reinen Landes befähigt zu werden. Dieser Buddha zeigte Amida alle Länder, unter denen er seine Wahl treffen konnte, und Amida wählte das Reine Land. Manche dieser Länder waren nicht vollkommen rein, in manchen waren Reinheit und Unreinheit miteinander vermischt, und andere wieder waren nicht ganz wünschenswert, und so wählte er das Reine Land, wo sich keine Spur von Befleckung oder Unreinheit fand.
Amida arbeitete viele Jahre lang an sich – man könnte auch sagen: viele Kalpas lang; in der indischen Tradition ist Kalpa eine extrem lange Zeitspanne. Genaugenommen geht sie über das menschliche Maß hinaus. Mit genügend Geduld mag ein Mathematiker sie bestimmen oder ein Computer sie errechnen, aber für normale Menschen wie uns geht sie über das Meßbare hinaus. Und Amida übte sich in moralischer Vervollkommnung; das heißt, er praktizierte das, was wir als die sechs Tugenden der Vollkommenheit kennen. Er übte diese Disziplin viele Kalpas lang und dann noch viele, viele Kalpas mehr, und schließlich erlangte er die Erleuchung. Aber bevor er die Erleuchtung erlangte (mit der auch das Reine Land in Erscheinung trat), legte er ein Gelübde ab. Insgesamt legte er achtundvierzig Gelübde ab, aber eines davon, das von den Shin-Anhängern bevorzugt wird, ist das wichtigste von allen, denn ohne dieses eine würden die anderen Gelübde ihre wunderbare Kraft der Hilfe für alle Wesen verlieren. Dieses so wichtige Gelübde ist das achtzehnte. Es ist im Sutra vom ewigen Leben erwähnt. Aus dem Chinesischen übersetzt, liest sich das Gelübde etwa so: »Wenn nach mei-

nem Erlangen der Buddhaschaft, das heißt, der Erleuchtung, nicht alle Wesen in den zehn Richtungen vertrauensvoll und mit aller Aufrichtigkeit wünschen sollten, in meinem Land geboren zu werden, und wenn sie nicht lediglich dadurch dort geboren werden sollten, daß sie – sagen wir: bis zu zehnmal – an mich denken, ausgenommen jene, welche die fünf schwerwiegenden Vergehen auf sich geladen haben, und jene, welche den wahren Dharma mißbrauchen, wenn all dieses nicht so sein sollte, würde ich die höchste Buddhaschaft nicht erlangen wollen.«

Die wichtigste Aussage in diesem Gelübde ist, daß man den Wunsch haben muß, in Amidas Land geboren zu werden, und zwar nicht oberflächlich und leichtherzig, sondern mit Aufrichtigkeit und Ernst und in vollem Vertrauen auf Amidas Fähigkeit, uns dort geboren werden zu lassen. Gleichzeitig muß man seinen Namen aussprechen, *Namu Amida Butsu*. Nach der Shin-Lehre genügt ein einmaliges Aussprechen des Namens Amidas, aber das Sutra sagt »bis zu zehnmal«. Genaugenommen genügt ein einziges Mal, aber wenn einmal genügt, so genügen zehnmal ebenso. Wir können seinen Namen viele Male aussprechen, so oft wir wollen, aber wir müssen es mit Aufrichtigkeit tun, mit dem wahrhaftigen Wunsch, in seinem Land geboren zu werden – und in seinem Land geboren zu werden, heißt, die Erleuchtung zu erlangen gleich Amida selbst. Wir können nicht nur wünschen, im Reinen Land geboren zu werden, denn der eigentliche Inhalt des dort Geborenwerdens ist, die Erleuchtung zu erlangen.

Diese *shaba*-Welt, diese Welt der Relativität, ist unserem Streben nach der vollkommenen Erleuchtung nicht förderlich. In diesem Zusammenhang hat die Theorie von der Umweltbeeinflussung eine ganz besondere Gültigkeit. Die Umwelt ist ein bedeutungsvoller Faktor bei der Formung unserer Persönlichkeit, aber gleichzeitig übt unsere Persönlichkeit auch einen großen Einfluß auf unsere Umwelt aus. So wirken die Umwelt und die darin lebenden Individuen – so auch alle buddhistischen Lehren und deren Umwelten – gegenseitig aufeinander ein.

Wie dem auch sei, wir rezitieren also mit tiefer Aufrichtigkeit und mit vollem Vertrauen auf ihre Wirkung die Gelübde Amidas. Seinen Namen nur ein einziges Mal mit Vertrauen und Aufrichtigkeit auszusprechen, ist schon genug, aber üblicherweise sprechen wir ihn nicht richtig aus. Wir denken vielleicht, wir seien aufrichtig und im Besitz vollen Vertrauens oder Glaubens an Amida oder sonst jemanden, aber echtes Vertrauen, echte Aufrichtigkeit sind ganz und gar frei von solch einer Meinung. Solange die Aufrichtigkeit ihrer selbst bewußt ist, ist sie nicht echt. Die Aufrichtigkeit sagt niemals: »Ich bin aufrichtig.«

Ein kleiner Rest kann leicht von solch einer Haltung übrigbleiben, möglicherweise sogar unbemerkt, in der Tiefe des Unbewußten. Und obwohl das Unbewußte nicht bewußt sein kann, ist doch dicht unter der Oberfläche noch ein wenig Bewußtsein enthalten. Und weil dieses Bewußtsein im Unbewußten gelassen wird, kommt es manchmal unerwartet hoch und sagt: Was ist los, ich bin so aufrichtig, und doch glauben die Leute mir nicht! Wenn wir etwas dieser Art fühlen, selbst dann, wenn wir am alleraufrichtigsten sind, sind wir noch keineswegs vollkommen aufrichtig.

Sprechen wir Amidas Namen aus, während noch Reste solch eines Bewußtseins in uns sind, so können wir nicht im Reinen Land geboren werden. Darum bedeutet das Aussprechen von *Namu Amida Butsu* vollkommenes Vergessen, es bedeutet, sich nicht bewußt zu sein, *Namu Amida Butsu* zu sagen. Wenn ich mich aber mit *Namu Amida Butsu* identifiziere und vergesse, daß ich derjenige bin, der diesen Namen oder das *myōgō* sagt, so ist das immer noch nicht genug. Sogar wenn ich fühle, daß das *myōgō*, daß der Name selbst sich sagt, daß *Namu Amida Butsu* sich selbst ausspricht, sogar dann ist das noch nicht Aufrichtigkeit, wenn dabei das Bewußtsein verloren ist.

Aufrichtigkeit heißt, das Selbst vollkommen zu vergessen, aber zugleich, es gerade nicht zu vergessen. Normalerweise vergessen wir viele Dinge und tun alles mögliche, aber das ist nicht diese Art des Vergessens. Religiöses oder spirituelles Vergessen, der spirituelle Eintritt in das Unbewußte ist – nun, man muß es selbst erfahren, welcher Art dieses Vergessen oder diese Unbewußtheit ist.

Nun folgen wir also dem Rat oder der Anweisung, die uns das Gelübde vermittelt, und erlangen diese Aufrichtigkeit; dann wird die Erleuchtung zur Realität. Aber laut der Shin-Lehre ist in dieser unserer relativen Existenz, wie aufrichtig wir auch immer zu sein versuchen, doch immer noch eine bestimmte Menge an Unaufrichtigkeit in uns. Es ist nicht zu vermeiden. Relative Existenz und Unaufrichtigkeit sind unentwirrbar ineinander verflochten. Der letzte Schluß wäre, daß es, solange wir in dieser Welt leben, unmöglich ist, die Erleuchtung zu erlangen. Wenn wir deshalb ins Reine Land gehen, wo kein Makel von Relativität – man nennt sie auch Befleckung –, wo kein solcher Rest oder Rückstand von Relativität zu befürchten ist, dann ist dies der geeignete Ort für die Erleuchtung. Amida hat sich mit seinem Gelübde dafür verbürgt.

Schließlich erlangte Amida also die Erleuchtung, nachdem er viele Kalpas lang an sich gearbeitet hatte. In einem anderen Teil des Sutra gelobt Amida: »Wenn ich die Erleuchtung erlange, jedoch nicht alle Wesen die Erleuchtung erlangen werden, so will ich die höchste Erleuchtung nicht erhalten.« Darum ist sein Erlangen der Erleuchtung abhängig von dem unseren. Das ist eine recht schwierige Konzeption, und ich überlasse das meiste davon Ihrem eigenen Nachdenken. Das mag als Faulheit von meiner Seite erscheinen, aber es ist so am besten.

Manche Leute sagen: »Amida erlangte die Erleuchtung, und er hat sein eigenes Reines Land – was für einen Zweck soll es für uns haben, seinen Namen auszusprechen und zu wünschen, in seinem Land geboren zu werden?« Gerade die Tatsache, daß Amida die Erleuchtung erlangte, beweist uns, daß wir unsere Erleuchtung ebenfalls bereits erlangt haben. Wir bekamen sie schon, als Amida vor vielen Kalpas seine Erleuchtung erlangte. Wir können sagen: »Wir sind Buddhas seit allem Anfang an, vom anfangslosen Anfang an. Es gibt keinen Grund für den Wunsch, im Reinen Land geboren zu werden oder *Namu Amida Butsu* auszusprechen. Von seiten Amidas ist schon alles getan, und wir können ganz einfach leben, wie wir wollen.«

Aber Menschen, die so leben, ohne ihren Geist an irgend etwas zu orientieren, ohne sich um irgend etwas zu kümmern, existieren wie Tiere – wie Hunde oder Katzen. Sie denken nicht über Amida nach, nicht über das Erlangen der Erleuchtung, nicht über das Geborenwerden im Reinen Land. Könnten wir uns auf die spirituelle, mentale oder psychologische Geisteshaltung von Hunden oder Katzen reduzieren, wäre vielleicht alles in Ordnung. In gewisser Hinsicht sind Hunde und Katzen viel besser als wir, obwohl wir im allgemeinen der Überzeugung sind, wir stünden hoch über ihnen. Aber seltsamerweise sind wir nicht zufrieden mit dem Status, den wir innehaben. Wir sind ständig unzufrieden mit unserer Umgebung, ohne daß es einen Grund dafür gibt. Unsere Existenz hier auf der Erde hat den eigentlichen Sinn, diese Situation zu transzendieren. Könnten wir die Bedeutung des Lebens, den Wert der Existenz erkennen, so wäre das Ende des Lebens erreicht, und wir würden keine Wünsche mehr haben.

Vor kurzem las ich Meister Eckhart. Da stand, daß ihn jemand fragte: »Was ist das ewige Leben?« Daraufhin schrieb Eckhart in einer seiner Predigten: »Warum fragt ihr nicht das ewige Leben selbst anstatt mich?« Wenn Sie wissen wollen, wie man die Buddhaschaft verwirklicht, sollten Sie Buddha selbst fragen. Das ist die Art und Weise, in der Eckhart antwortete.

Dies erinnert mich an einen gläubigen Shin-Laien, der vor vielen Jahren in Japan lebte. Obwohl Shoma ein unwissender Taglöhner war, besaß er eine wunderbare Einsicht in das Wesen des Buddhismus. Es ist kaum zu glauben, daß solch ein ungebildeter Mensch den tiefsten Sinn zu erfassen vermag, den selbst wissenschaftlich ausgebildete, mit größter Geistesschärfe ausgestattete Philosophen nicht begreifen können und als zu tief für ihr Fassungsvermögen anerkennen müssen. Dieser ungebildete Mensch verstand den Buddhismus in vollkommener Weise, und darum war er bei seinen Nachbarn ziemlich gut bekannt. Genaugenommen dehnte sich seine »Nachbarschaft« über viele, viele Meilen weit aus, und eine große Zahl von Leuten, die in weit entfernten Distrikten wohnten und von Shomas tiefer Gläubigkeit und seiner außerordentlichen Einsicht hörten, kam angereist, um von ihm zu erfahren, wie man im Reinen Land geboren werden und mit Amida in Kontakt kommen könne.

Eines Tages unternahm ein Mann eine lange Reise von einem weit entfernten Ort aus, um Shoma zu besuchen. Damals gab es keine Eisenbahn und keine Flugzeuge, und so mußte er einige hundert Meilen zu Fuß zurücklegen. Endlich erreichte er den Ort, wo Shoma lebte. Er fand ihn eifrig mit Reisstampfen beschäftigt, wofür er von jemandem angestellt worden war. In früheren Zeiten – es ist noch gar nicht so lange her, denn ich erinnere mich, selbst noch Reis gestampft zu haben – wurde der Reis geschrotet, indem man ihn mit Mörser und Stößel zerstampfte. Es ist eine recht schwere Arbeit, aber Shoma war mit großem Eifer dabei, als der erschöpfte Mann endlich bei ihm eintraf und ihn fragte: »Bitte, bitte, sag mir, wie kann ich im Reinen Land geboren werden? Wird Amida die Güte haben, sich meiner anzunehmen?« Shoma stampfte weiterhin Reis, ohne irgend etwas anderem seine Beachtung zu schenken. Doch dieser Mann, der von so weit her gekommen war, bestürmte Shoma mit allem Nachdruck. Shoma blieb ungerührt und sah nicht einmal zu ihm hin. Da hatten die Leute des Hauses, in dem Shoma zum Reisstampfen war, Mitleid mit dem bedauernswerten Besucher und baten Shoma, er möge doch nicht unhöflich, nicht so gleichgültig sein. Doch Shoma stampfte weiter den Reis. Daraufhin luden die Leute den Mann zu einer Rast und einer Tasse Tee in ihr Haus ein.

Enttäuscht und verzweifelt wie er war, sagte der Besucher nach einiger Zeit traurig: »Ich bin von so weit her gekommen, aber wenn ich nichts über Amida und die Erlösung erfahren kann, bleibt mir nichts anderes übrig, als in meine Heimatstadt zurückzukehren.« Er sah jammervoll aus. Als er schon am Abreisen war, sagte Shoma: »Wenn du in einem so verzweifelten Geisteszustand bist, ist es völlig falsch, mich nach solchen Dingen zu fragen. Warum gehst du nicht zu Amida Sama selbst? Er ist derjenige, der sich um solche Sachen kümmert. Es ist nicht meine Sache.« Der Mann zog, mit diesem Gedanken reichlich beschäftigt, ab.

Der folgende Spruch wird Voltaire zugeschrieben: »Menschen zu retten ist eine göttliche Angelegenheit, die Angelegenheit Gottes, und wir haben überhaupt nichts damit zu tun. Überlaßt das Gott. Wir haben uns um so etwas nicht zu kümmern. Wir sollten uns nicht in Gottes Angelegenheiten einmischen.« Falls Voltaire das tatsächlich gesagt hat, war er ein großer spiritueller Mensch, ein Erleuchteter gleich Shoma. Allerdings weiß ich nicht, ob Voltaire über eine so edle Geisteshaltung verfügte. Das ist eine andere Frage. Aber wenn wir diese Worte so auffassen, wie die meisten spirituellen Menschen sie auffassen würden, so hat Voltaire ganz recht, ebenso, wie Shoma recht hatte.

Sie werden feststellen, daß wir gar nichts mit Amida zu tun haben. Amida ist ein fremdartiges Wesen, das gelegentlich oder sporadisch oder sogar in unberechenbarer Weise zu uns kommt – die Christen würden sagen: »durch göttliche Gnade«. Göttliche Gnade ist etwas so Unberechenbares, daß man sich nicht darauf verlassen kann, daß es immer da ist. Ist Amida ein wirkliches Wesen? So, wie ich diesen Teil der Shin-Lehre verstehe, hat dieses Sutra, vor allem das größere Sutra vom ewigen Leben, einen mystischen Bezug. Es hat kaum etwas mit »Geschichte« zu tun.

Ich unterhielt mich mit einem amerikanischen Philosophen, Dr. William Pratt, der vor vielen Jahren Japan besuchte. Er ist inzwischen gestorben. Er war ein großartiger Autor, und er verstand viel vom Buddhismus. Dr. Pratt und ich diskutierten über die Bedeutung, die das Christentum historischen Tatsachen beimißt, und darüber, wie sehr das Christentum von der Geschichte abhängig ist, während der Buddhismus das, was man objektive Geschichte nennt, ignoriert und sich vielmehr auf die Legende oder auf eine Art von Mythologie stützt.

Wir kamen zu folgenden Schluß: Mythen, Legenden und Tradition – Tradition ist vielleicht nicht der beste Ausdruck dafür – und poetische Imagination sind eigentlich viel wirklicher als das, was wir unter faktischer Geschichte verstehen. Was wir Tatsachen nennen, sind nicht wirklich Tatsachen, nichts wirklich Zuverlässiges und Objektives. Wirkliche Objektivität gibt es nur in metaphysischer Subjektivität; man könnte sagen, in der metaphysischen Wahrheit oder in der poetischen Legende oder im religiösen Mythos. So stimmten wir darin überein, daß die Amida-Story mehr objektive und spirituelle Realität habe als reine historische Wahrheit und daß Amida eher ein metaphysisches Fundament habe als ein aus objektiven und historischen Tatsachen bestehendes. Amida ist in Wirklichkeit wir selbst – das ist der Grund, weshalb wir die Erzählung von Amida ohne weiteres akzeptieren dürfen und weshalb die Geschichten von Shoma und anderen großen Gläubigen ganz verständlich sind.

In der Erzählung selbst gibt es manches, das große Tiefe hat und unser inneres Denken direkt anspricht. Wir können sagen, daß es ein äußeres und ein inneres Denken gibt, oder eine äußere Seele und eine innere Seele. Normalerweise stützen wir uns auf das äußere Selbst oder das äußere Denken, nicht auf das innere oder innerste Selbst. Das innerste Selbst liegt tief vergraben im unauslotbaren Abgrund unseres relativen Bewußtseins. Dieses Selbst ist gewöhnlich gut verborgen unter Schichten aller möglichen Dinge, die sich an der Oberfläche des Bewußtseins bewegen. Es ist das, was wir zumeist für das wirkliche Selbst halten, aber es ist nicht tatsächlich wirklich. Das wirkliche innere Selbst ist schwer zu wecken. Und um das innere Selbst zu erwecken, spricht man entsprechend der Shin-Lehre den Namen Amidas aus, *Namu Amida Butsu*. Doch wenn man einfach nur *Namu Amida Butsu* sagt, wird dies niemals das innere Selbst erwecken. Wie ich schon sagte, muß *Namu Amida Butsu* mit Aufrichtigkeit und echter Hingabe ausgesprochen werden. Was unser äußeres Selbst betrifft, das auf der Oberfläche unseres Bewußtseins wirksam ist, so beruht seine Oberflächlichkeit auf einer Spaltung. Wenn wir denken, *dies ist mein Selbst*, oder *dies ist mein inneres Selbst*, so ist dieses Selbst immer in zwei geteilt – in das Selbst und etwas, das diesem Selbst gegenübersteht. Wenn wir uns unserer selbst bewußt werden, haben wir immer den, der denkt, und den, der gedacht wird – Objekt und Subjekt. Subjekt und Objekt sind in unserem Bewußtsein immer gegenwärtig.

Das *Dhammapada*, einer der frühesten Texte des Buddhismus, die wir besitzen, behandelt des langen und breiten die Zerstörung des Bewußtseins, auf das man von ihm befreit würde. Wenn die Leute eine Formulierung wie »Zerstörung des Bewußtseins« hören, schließen sie daraus, das bedeute, die gesamte Existenz zu verneinen – also Selbstmord. Das ist das Evangelium der Verneinung, und die Abendländer kritisieren es oft. Aus diesem Grund wird der orientalische Geist beschuldigt, negativistisch und voller Verneinung zu sein. Aber »das Bewußtsein zerstören« heißt in Wirklichkeit, das oberflächliche, relative Bewußtsein zu zerstören, um sich über die Spaltung in Subjekt und Objekt zu erheben. Subjekt und Objekt gehen, bevor sie sich spalten, aus dem hervor, das weder Subjekt noch Objekt kennt. Diese Welt, unsere sichtbare Welt, ist intellektuell rekonstruiert; es ist nicht die wirkliche Welt. Wir haben sie durch unsere Sinne und unseren Intellekt, der hinter den Sinnen arbeitet, nachgeformt. Wir rekonstruieren diese Welt und beharren darauf, unsere Fabrikation für das Ding an sich zu halten.

Doch will man das innere Selbst erreichen, muß diese oberflächliche Realität erst beseitigt werden. Gewiß braucht man lange, um das zu erklären. »Die Relativität zerstören«, wie die Buddhisten und andere Gläubige es ausdrücken, heißt nicht, eine andere Relativität aufzubauen, sondern die Relativität selbst als ungeteilt in relative Bezeichnungen zu begreifen – was wiederum auch sehr schwer zu verstehen ist. Aber das innere Selbst ist erst erreicht, wenn die Relativität transzendiert worden ist. Wenn es kein Subjekt und kein Objekt gibt, sind wir – so würden manche Buddhisten sagen – im gleichen Zustand, in dem wir waren, bevor wir in diese Welt hineingeboren wurden. In diesem Fall sehen wir die Dinge, wie wir sie sahen, bevor wir in diese Welt kamen. Doch um so zu sprechen, brauchen wir die Sprache.

Die Sprache arbeitet immer mit der Zeit; darum ist alles, was wir verbalisieren, chronologisch geordnet. So sage ich: »Bevor ich geboren wurde« oder: »In dem Zustand, in dem ich mich befand, bevor ich in diese Welt kam.« All diese Formulierungen beziehen sich auf Aktionen in der Vergangenheit; sie sind zeitbedingt, und unsere Sprache selbst ist an diesen Dualismus gefesselt. Wenn ich also über das Transzendieren dieser relativierenden Haltung spreche, was meine ich dann damit? Wir können es nicht denken. Wir können so etwas niemals in unser Bewußtsein hineinbringen. Das Bewußtsein selbst ist ein Produkt der Zeit, und dieses Zeitprodukt zu zerstören und es dennoch in der Zeit zu reproduzieren, also das Bewußtsein, das sich in der Zeit befindet, zu zerstören und doch jede Erfahrung zu machen, die dabei möglich ist – das scheint ein Widerspruch zu sein. Solch eine Erfahrung drückt sich durch das Bewußtsein im Bewußtsein aus – *in der Sprache der Zeit*. Das, was über die Zeit hinausgeht, versuchen wir innerhalb der Zeit auszudrücken. Dies ist so lange ein Widerspruch, wie wir uns auf die Sprache stützen, aber wir haben gar keine andere Möglichkeit, als uns auf die Sprache zu stützen. So befinden wir uns in einem dauernden Dilemma. Doch irgendwie müssen wir damit leben.

Wir wissen also nun, daß unser wahres innerstes Selbst sich dort befindet, wo Subjekt und Objekt niemals in Erscheinung treten. Es ist, als ob die Welt noch nicht ins Sein getreten sei. Sie mögen fragen: Was war, bevor die Welt ins Sein getreten ist? Solch eine Frage enthüllt lediglich von der Zeit konditionierte Denkmuster. Meine Antwort darauf ist, daß, bevor die Welt ins Sein getreten ist, dies der gegenwärtige Augenblick ist, dieser absolute Augenblick. Metaphysisch ausgedrückt, ist solch ein Augenblick die Zeit, da wir die Aufrichtigkeit wirklich erfahren, die Zeit, da wir das erfahren, was die Christen als »Selbstaufgabe« bezeichnen. Selbstaufgabe ist das Aufgeben der Relativität des Selbst und der Eintritt in das innerste

Selbst, das nicht Subjekt noch Objekt, nicht Aufrichtigkeit noch Unaufrichtigkeit kennt. Wenn wir uns der Aufrichtigkeit bewußt sind, sind wir uns gewöhnlich auch der Unaufrichtigkeit bewußt, da sie ineinander verwoben sind. Wenn Unaufrichtigkeit und Aufrichtigkeit transzendiert werden, kommt Amida in unser inneres Selbst und identfiziert sich mit ihm, oder dieses Selbst findet sich in Amida wieder. Und wenn wir dieses Selbst in Amida wiederfinden, dann sind wir im Reinen Land.

Wie ich zuvor sagte, gehen wir nicht aus dieser Welt hinaus, um im Reinen Land geboren zu werden, sondern wir tragen das Reine Land allzeit mit uns. Im Reinen Land geboren zu werden, heißt, das Reine Land in uns selbst zu entdecken. Wir scheinen das niemals zu realisieren. Normalerweise sagen wir zu den anderen: Wenn du etwas Schlechtes tust, wirst du bestimmt an einen unfreundlichen Ort verdammt. Wenn du dich jedoch recht verhältst, wirst du im Reinen Land geboren werden. Wie glücklich du dann sein wirst, usw. Im Japanischen – und vielleicht auch auf chinesisch – gibt es ein Sprichwort: »Gib einem Kind ein gelbes Blatt, und es wird damit spielen, als sei es aus Gold.« Wir spielen mit gelben Blättern und meinen, sie seien wertvoll. Genaugenommen spielen wir außerordentlich häufig mit gelben Blättern. Wie naiv wir doch sind! Es ist wirklich wunderbar.

Wir finden das innere Selbst, wenn wir *Namu Amida Butsu* ein einziges Mal, das alle Male umfaßt, aussprechen. Daraus ziehe ich den Schluß, daß Amida unser innerstes Selbst *ist*, und wenn wir dieses innerste Selbst gefunden haben, sind wir im Reinen Land geboren worden. Die Art von Reinem Land, die sich irgendwo auf unserer Ebene befindet, ist ganz und gar nicht wünschenswert. Was nützt es uns, im Reinen Land zu verweilen, uns zu vergnügen und nichts zu tun? Die meisten Leute denken darüber nicht nach, und das ist gut so. Würden sie darüber nachdenken, so würden sie sehr unzufrieden werden mit sich selbst und sich in tausend Schwierigkeiten stürzen. Es ist besser, über so etwas nicht nachzudenken.

Gott scheint grausam zu sein, da er uns Menschenwesen an diesen höllischen Platz gestellt hat und uns so sehr leiden läßt. Aber nichts anderes als Leiden erweckt uns zum religiösen Bewußtsein.

Frances E. Vaughan

Verschiedene Arten intuitiven Erlebens

Dieser Begriff (Intuition) kennzeichnet nicht etwas im Gegensatz zur Vernunft, sondern etwas, das außerhalb des Bereichs der Vernunft liegt.

C. G. Jung
Psychologische Typen

Wir haben die Intuition als eine Weise des Erkennens und als psychische Funktion definiert, die potentiell jedermann zu Gebote steht; nun wollen wir unsere Aufmerksamkeit der Vielfalt menschlicher Erfahrungen zuwenden, die man allgemein »intuitiv« nennt. Zu den intuitiven Erfahrungen gehören mystische Einsichten über das Wesen der Realität; sie sind aber keineswegs auf diese beschränkt. Erlebnisse, die gemeinhin intuitiv genannt werden, umfassen auch Entdeckungen und Erfindungen in den Naturwissenschaften, Inspiration in der Kunst, kreative Problemlösung, das Erkennen von Mustern und Möglichkeiten, außersinnliche Wahrnehmung, Hellsehen, Telepathie, Vorauswissen, Retrokognition, Gefühle der Anziehung und Abneigung, das Spüren von »Vibrationen«, das Wissen oder Erkennen durch den Körper anstatt durch den Verstand, Vorgefühle und Vorahnungen.

Intuition wird oft gleichgesetzt mit Vorahnungen oder dem starken Gefühl, man wisse, was geschehen werde. Oft sind diese Vorahnungen vage, und da sie selten aufgezeichnet werden, sind sie selten verifizierbar. In meinen Workshops und Seminaren über die Intuition habe ich die Teilnehmer oft aufgefordert, über ihre intuitiven Erfahrungen aller Art zu sprechen, bevor ich den Begriff definiert oder erklärt habe. Gewöhnlich erzählen die Leute dann, daß sie erlebt haben, wie sich Vorgefühle oder Vorahnungen bewahrheitet haben. Erinnern Sie sich selber daran, daß Sie einmal das Gefühl hatten, es werde etwas geschehen, obwohl Sie es nicht wissen konnten, und daß es dann auch geschah? Zum Beispiel sagen viele Leute, daß sie manchmal wissen, wer anruft, bevor sie den Hörer abgenommen haben, obwohl sich logischerweise vorher nicht feststellen läßt, wer es ist.

Ein Beispiel für die unerklärliche Vorahnung, die sich als richtig erwies, ist die Geschichte einer jungen Frau, die vor einigen Jahren eine Hochzeitsreise nach Tahiti geplant hatte. Kurz vor dem festgesetzten Hochzeitstag träumte sie von einem Flugzeugabsturz. Sie hatte ein so starkes Vorgefühl, das Flugzeug, mit dem sie fliegen wollte, würde abstürzen, daß sie die Buchung streichen ließ und andere Pläne machte. Tatsächlich stürzte das Flugzeug, mit dem sie hatte fliegen wollen, ab, und alle, die an Bord waren, kamen ums Leben. Eine andere Frau in einer meiner Gruppen erzählte, sie habe jahrelang eine irrationale Angst gehabt, ihre jüngste Tochter könnte überfahren werden. Sie hatte noch zwei ältere Kinder, bei denen sie sie diese Sorge nie gehabt hatte. Eines Tages, als ihre Tochter dreizehn Jahre alt war, wurde sie von einem Auto angefahren und mit Kopfverletzungen ins Krankenhaus eingeliefert. Das Mädchen war nicht schwer verletzt und erholte sich rasch. Die Mutter sagte, sie habe eine ungeheure Erleichterung verspürt; seit dem Unfall wurde sie nicht mehr von ihrer Angst heimgesucht. Sie hatte das Gefühl, dieses Ereignis erwartet und gefürchtet zu haben, aber nun brauchte sie sich darüber keine Sorgen mehr zu machen.

Ermöglicht einem eine starke Vorahnung oder ein starkes Vorgefühl, etwas zu tun, um den Lauf der Dinge zu ändern? Die Antwort scheint positiv zu sein, wie an dem oben geschilderten Fall der jungen Frau zu sehen ist, wenn auch nicht immer klar ist, was man tun kann. Manche Menschen fürchten ihre Vorahnungen und würden sie lieber nicht zur Kenntnis nehmen. Leider beseitigt Verdrängung die Angst nicht. Wenn Sie ein Mensch sind, der von irrationalen Ängsten geplagt wird und dazu neigt, pessimistische Vorgefühle zu hegen, die sich selten als richtig erweisen, wäre es ratsam, Ihre Ängste zu untersuchen. Psychotherapie kann zur Überwindung solcher Ängste beitragen, und da sie die Selbsterkenntnis fördert, kann sie Ihnen auch helfen zu lernen, ängstliche Vorgefühle von Intuition zu unterscheiden.

Manchmal erscheinen einem Vorahnungen negativ, z.B. das Gefühl, man werde etwas vergessen, wenn man eine Reise antritt. Ein andermal können sie positiv sein, wie z.B. die Überzeugung, man werde trotz erheblicher Konkurrenz eine Stellung bekommen, um die man sich beworben hat, oder das Vorgefühl, man werde trotz unzureichender Vorbereitung gut durch eine Prüfung kommen. Am Anfang muß man, gleichgültig, ob das Vorgefühl positiv, negativ oder neutral ist, unterscheiden lernen zwischen echten intuitiven Ahnungen und anderen, die einfach auf Angst oder Wunschdenken beruhen.

Dazu schreiben Sie Ihre Vorahnungen am besten in einem Tagebuch auf. Auf diese Weise können Sie sich selber überprüfen und feststellen, wie oft sich Ihre Vorahnungen als richtig erweisen. Und allmählich werden Sie merken, wie sich intuitive Vorahnungen von reiner Einbildung unterscheiden. Sie können dies nur durch Versuch und Irrtum lernen. Wenn Sie anfangen, Ihre Vorahnungen aufzuschreiben, werden Sie zunächst wahrscheinlich einen hohen Prozentsatz an Irrtümern feststellen. Hat sich Ihre Sensibilität für innere und äußere nonverbale Hinweise verfeinert, wird sich Ihre Trefferquote vielleicht verbessern. Lassen Sie sich von Irrtümern nicht entmutigen. Jedesmal, wenn Sie sich irren, haben Sie Gelegenheit, etwas über sich selbst zu erfahren. Wenn Sie bereit sind zuzugeben, daß die Ursache Ihres Fehlers in Ihnen liegt – d. h. wenn Sie die Verantwortung für ihn übernehmen, anstatt äußeren Umständen die Schuld zu geben –, werden Sie rasch zu erkennen vermögen, wie Ihre persönlichen Interessen Ihre Wahrnehmung verzerren und wo sich der Weg der klaren Intuition zeigt.

Das Bewußtsein oder das Ich stört oft die intuitive Wahrnehmung. Je mehr Sie wollen, daß etwas geschieht, desto weniger können Sie spüren, ob es geschehen wird oder nicht. Wenn Sie z. B. möchten, daß Sie jemand anruft, den Sie lieben, werden Sie vielleicht jedesmal, wenn das Telefon klingelt, glauben, er sei es, nur um jedesmal enttäuscht zu sein. Andererseits fällt Ihnen irgend jemand, den Sie kaum kennen oder an den Sie wochenlang nicht gedacht haben, auf unerklärliche Weise plötzlich ein, und ein paar Minuten später ruft derjenige an. Befürchtungen wie Wünsche stören die intuitive Wahrnehmung. Wenn Sie ängstlich, wütend oder gefühlsmäßig durcheinander sind, sind Sie wahrscheinlich nicht empfänglich für die subtilen Botschaften, die Ihnen die Intuition vermitteln kann.

Starke Gefühlsbindungen zwischen Menschen scheinen ebenfalls oft eine telepathische Kommunikation zu erleichtern. In der überwiegenden Mehrzahl der Fälle von spontaner Traum-Telepathie, die die englische »Gesellschaft für extrasensorische Forschung« registriert hat, waren Sender und Empfänger (d. h. Träumer) miteinander verwandt oder befreundet. Die häufigsten Themen waren Not, Tod und Gefahr. Eine Mutter träumte z. B. von ihrem Sohn, er riefe nach ihr, als er in Übersee starb, und es wurde ihr später berichtet, daß es wirklich so gewesen war. Während des Vietnamkrieges in den späten sechziger Jahren habe ich, als ich im Zusammenhang mit meiner psychotherapeutischen Arbeit Traumgruppen leitete, persönlich von mehreren Fällen gehört, in denen Mütter geträumt hatten, ihr Sohn sei im Kampf verwundet oder getötet worden, entweder zur gleichen Zeit, als es geschah, oder bevor sie die Nachricht bekamen. Ein junges Mädchen in einer meiner Gruppen erzählte einen lebhaften und beunruhigenden Traum vom Tod ihres Vaters bei einem Autounfall, einen Traum, den sie in der Nacht hatte, als der Unfall sich zutrug, obwohl er in einem anderen Staat war und sie über sein Leben zu dieser Zeit nichts wußte.

Die experimentelle Forschung von Montague Ullman und Stanley Krippner am Traumlaboratorium des Maimonides Medical Center in New York liefert überzeugende Beweise von Telepathie, Hellsehen und Vorauswissen in Träumen. Dr. Ullman und Dr. Krippner berichten, die große Mehrzahl der Probanden habe, unabhängig von Beruf und Lebensstellung, unabhängig von außersinnlichen Fähigkeiten im Wachzustand oder vom Wissen über vorherige außersinnliche Wahrnehmungen, Entsprechungen beschrieben, die »auf Telepathie hindeuteten«. Die Autoren führen den besseren Erfolg bei ihren Versuchen mit Traum-Telepathie im Vergleich zu Telepathie im Wachzustand auf den Gebrauch zwingender, lebhafter, emotional eindrucksvoller Bilder zurück, zu denen sowohl Sender als auch Empfänger eine Beziehung herstellen könnten. Sie weisen auch auf den Zusammenhang von erfolgreicher Aktivierung außersinnlicher Wahrnehmung und einem entspannten, passiven Geisteszustand hin.

Telepathische Botschaften teilen sich nicht immer in Träumen mit. Eine Frau in einem meiner Intuitions-Workshops berichtete, eines Nachmittags beim Kaffeetrinken mit einer Freundin habe sie eine Woge starker Gemütsbewegung gespürt. Ihr intensives Gefühl der Besorgnis sei eine Mischung aus Angst und Trauer im Zusammenhang mit ihrer Mutter gewesen. Nach kurzer Zeit, als das Gefühl nicht nachließ, rief sie ihre Mutter an, die in einer anderen Stadt lebte. Sie erfuhr, daß ihre Mutter in dem Augenblick einen Herzanfall gehabt hatte, als die Workshop-Teilnehmerin sich der Gefühle bewußt geworden war, und daß sie sich in einem kritischen Zustand befand. Ihre Besorgnis war so groß gewesen, daß sie weniger erschüttert als erleichtert war, als sie hörte, was geschehen war.

Charles Tart, Psychologieprofessor an der University of California in Davis, der auf dem Gebiet der außersinnlichen Wahrnehmung ausgedehnt geforscht hat, versichert, die außersinnliche Wahrnehmung sei einer der komplexesten psychischen Prozesse. Die Informationen fließen dem Unbewußten anscheinend in unbekannter Menge zu und sind je nach Ansichten, psychischen Bedürfnissen und der unbewußten Dynamik des Empfängers allerlei Veränderungen und Entstellungen unterworfen. Dr. Tart wandte folgende Methode an, um die Wirkung von Überzeugungen auf die Leistungen der außersinnlichen Wahrnehmung zu bestimmen: Er teilte die Versuchspersonen in »Gläubige« und »Ungläubige« ein und analysierte ihre Trefferquoten getrennt. Zu diesem Zweck wurden die Probanden vor Testbeginn aufgefordert, anzugeben, wie stark ihre Überzeugung war, in der Testsituation außersinnliche Wahrnehmungen zu haben. Dr. Tart berichtet, daß die Testergebnisse bei den »Gläubigen« beständig über der Zufallserwartung zu liegen pflegen, während sie bei den »Ungläubigen« signifikant darunterliegen.

Der Umstand, daß die Intuition in unserer Gesamtkultur nicht akzeptiert wird, trägt sicher dazu bei, daß Menschen, die nicht »anders« sein wollen, sie bei sich unterdrücken. Viele Erwachsene in meinen Gruppen glaubten, als Kinder intuitiver gewesen zu sein und gelernt zu haben, ihre intuitiven Wahrnehmungen für sich zu behalten, nachdem sie bei Erwachsenen auf Skepsis oder Spott gestoßen waren. Eine Frau, die an einem Intuitions-Workshop teilnahm, erinnerte sich an ein Erlebnis, das sie im Alter von etwa fünf Jahren gehabt hatte. Eines Freitags verkündete sie ihrer Mutter, die Großmutter werde am Sonntag nicht zum Essen kommen, weil sie sich den Fuß verletzt habe. Die Mutter achtete nicht weiter auf ihre Bemerkung, da sie annahm, das Kind hätte sich etwas ausgedacht. Zu ihrer Verblüffung rief die Großmutter am nächsten Tag an und sagte, sie werde morgen nicht zum Essen kommen, weil sie

sich am Nachmittag des vergangenen Tages den Knöchel verstaucht habe.
Solche Vorkommnisse mögen Erwachsene erschrecken, die sie nicht verstehen oder sie als abnorm ansehen. Eltern, die sich vor dem anscheinend Unbegreiflichen fürchten, reagieren auf intuitive Bemerkungen ihrer Kinder häufig verärgert. Sie versuchen vielleicht, sie wegzuerklären oder die Erfahrung des Kindes zu leugnen. Sie sagen dann etwa: »Das kannst du doch gar nicht wissen. Lüg mich nicht an.« Bestenfalls werden die Bemerkungen des Kindes nicht beachtet.
Frances Wickes schreibt, ein sehr intuitives Kind sei für die Eltern oft im Umgang schwierig. Sie beschreibt das typische intuitive Kind als ein Kind, dessen rationale Denkprozesse weitgehend unbewußt sind.

»Der Intuitive scheint eine bestimmte Situation ›wie durch Magie‹ zu erfassen und ist imstande, die erwünschte Antwort zu geben, ohne daß er selber weiß, wie er dazu gekommen ist. Er ›weiß‹ einfach, daß es so ist und nicht anders. Weil er keine Erklärung dafür geben kann, wird er gern beschuldigt, aufs Geratewohl zu antworten, um ein Wissen vorzuschützen, das er nicht besitzt. Aber damit tut man ihm ebenso unrecht wie wenn man seine Antworten als Beweise seines logischen Denkvermögens nimmt.«

Kleine Kinder lernen sehr rasch, daß es bestimmte Dinge gibt, über die sie nicht reden sollen. Bei vielen Menschen bleibt diese Zurückhaltung bis ins Erwachsenenalter bestehen. Menschen, die an Intuitions-Workshops teilnehmen, äußern oft, daß sie es zu schätzen wissen, Gelegenheit zu haben, über Erfahrungen zu sprechen, die sie normalerweise nicht erwähnen würden, aus Angst, für »seltsam« oder »verrückt« gehalten zu werden. Kinder reden mit Erwachsenen selten über ihre innere Welt der Phantasie und ihre intuitiven Wahrnehmungen, weil einfühlsame, verständnisvolle Erwachsene selten sind. Die Gesellschaft akzeptiert zwar, daß Kinder im Vorschulalter sich Phantasiespielen hingeben, aber wenn ein Kind in die Schule kommt, wird es mit äußeren Reizen bombardiert, die ihm beibringen sollen, in der Realität der Außenwelt zu leben. Obwohl Kinder und Jugendliche oft eine sehr aktive Intuition haben, da sie von anderen Funktionen nicht behindert wird, wird sie nur selten zum Gegenstand der Pädagogik. In der Schule wird die innere Welt, die die Intuition nährt, gewöhnlich verschlossen. Ein Kind, dessen natürliche intuitive Fähigkeiten so stark sind, daß sie die gesellschaftliche Kritik überleben, kann sich zu einem außerordentlich kreativen Menschen entwickeln, aber was ist mit all denen, deren Talente einfach verdrängt oder unentwickelt bleiben?

Die meisten Menschen gehören dieser zweiten Kategorie an. Sie werden in der Schule dazu ausgebildet, ihre rationalen und intellektuellen Fähigkeiten zu gebrauchen, so gut sie können. Ein auf das Individuum eingestellter Unterricht versucht, jedem Kind das Lernen in seinem eigenen Tempo zu ermöglichen, aber selbst dieses Lernen ist vor allem auf den Erwerb von Informationen aus äußeren Quellen ausgerichtet. Die innere Welt wird wenig beachtet. Selbst die Einführung der »Gefühlserziehung«, bei der neben der kognitiven Entwicklung des Kindes auch seine emotionale Entfaltung berücksichtigt wird, umfaßt keine Entwicklung und Einübung der Intuition. Daher empfinden viele Menschen als Erwachsene das Bedürfnis, das Gleichgewicht wieder herzustellen, und lernen, den Eingebungen ihrer eigenen Psyche zu folgen.

Im allgemeinen gedeiht die Intuition nur, wenn sie geschätzt wird, und natürlich wird sie durch bestimmte Lebensstile und Erfahrungen gefördert und genährt. Inspiration braucht Spielraum und Beachtung, wenn sie in kreativem Bestreben Gestalt annehmen soll. Beachtung wirkt als psychische Energie und steigert den Prozeß, dem sie Wert verleiht. Der in seiner Realitätswahrnehmung höchst intuitive Künstler weiß, daß Inspiration immer von allein zu kommen scheint. Zum Schöpfungsprozeß gehört immer Anstrengung, aber die Inspiration überkommt den Menschen meist spontan. Der Wunsch nach Inspiration erfordert ein empfängliches Bewußtsein; er ist vergleichbar mit dem Versuch, sich an etwas zu erinnern, das man weiß, aber vergessen hat. Tarthang Tulku, ein tibetischer Lama, schreibt:

»Wollen wir zum Beispiel eine Erinnerung oder Einsicht, die zwar ›vorhanden‹, uns momentan aber entfallen ist, zurückholen, so ist es zumeist am wirksamsten, sich jedes bemühten Greifenwollens, jeder verkrampften Leistungsorientierung zu enthalten und sich passiver Empfänglichkeit zu überlassen. Indem wir den Geist zwanglos öffnen, erlauben wir dem verborgenen Element, seine Anwesenheit von selbst zu offenbaren. Aus diesem Grund überantworten sich Künstler auf der Suche nach Inspiration dem Schlaf, in der Hoffnung, eine Muse werde sie aufsuchen und zu ihnen sprechen und dann in ihrer Kunst durch sie. Menschen, die das Eingreifen einer göttlichen Macht einladen wollen, wissen von jeher, daß sie sich den göttlichen Absichten und Botschaften öffnen müssen, wie es im Gebet und bei Orakelbefragungen geschieht. Alle diese verschiedenen Orientierungen betonen übereinstimmend die Wichtigkeit der Preisgabe des Selbst.«

In gewissem Sinn ist jeder ein Künstler mit dem Auftrag, sein Leben zu entwerfen. Welchen Wert hat eigentlich ein uninspiriertes Leben? Ganz gewiß würden viele, wenn nicht die meisten Menschen in unserer Gesellschaft ihr Leben als nicht besonders inspiriert betrachten. Aber *jeder* hat die Möglichkeit, die Quelle kreativer Inspiration anzuzapfen, die aus einer gut entwickelten Intuition fließt.

Die Art intuitiver Erfahrung, die am unmittelbarsten zu einem Gefühl des Wohlbefindens und des Einklangs mit sich und der Welt führt, ist die mystische oder transpersonale Erfahrung. Die mystische Erfahrung wird typischerweise als ein Erleben beschrieben, in dem das Individuum die Subjekt-Objekt-Spaltung überschreitet und sich mit allem eins fühlt. Bei diesem Erleben gibt es keine Trennung zwischen innen und außen, Erkennendem und Erkanntem. Es wird manchmal als das Erleben des reinen Bewußtseins bezeichnet, eines Bewußtseins ohne spezifischen Inhalt. Sowohl in der östlichen als auch in der westlichen Überlieferung werden verschiedene Ebenen mystischer Erfahrung beschrieben. Stanislav Grof hat transpersonale Erfahrungen definiert als diejenigen, »bei denen eine Ausdehnung oder Erweiterung des Bewußtseins über die gewöhnlichen Ich-Grenzen und über die Grenzen von Zeit und Raum hinaus erfolgt«. Was diesen Erfahrungen gemeinsam ist und was uns hier angeht, ist die universelle Bestätigung der Fähigkeit des Menschen, Ich-Grenzen und die Schranken des rationalen Verstandes zu überschreiten, und die Tatsache, daß die wesentliche Wahrheit der Realität nur intuitiv erfaßt werden kann. Dieses direkte Erfassen der Wahrheit kennzeichnet die reine spirituelle Intuition.

Diese Art der intuitiven Erfahrung ist oft flüchtig, aber sie kann auf das Leben eines Menschen eine tiefgreifende Wirkung ausüben, denn eine Erfahrung des kosmischen Bewußtseins zerstreut alle Zweifel und gibt Antwort auf alle Fragen; an ihre Stelle treten Gefühle der Seligkeit, der Ehrfurcht, des Staunens und der Freude. Der Mensch, der für diese Art intuitiver Erkenntnis offen ist, erfährt ein Gefühl des Einsseins mit allen Dingen und ein Gefühl der Erleuchtung. Was verborgen war, wird klar, aber nicht unbedingt ein für allemal. Eine solche Erleuchtungserfahrung kann sich im Lauf des Lebens weiter vertiefen und erweitern, sie kann aber auch verleugnet und verdrängt werden.
Eines der Ziele des Yoga ist es, im Gegensatz zu den plötzlichen, spontanen Eingebungen der reinen Intuition, die ohne besondere Vorbereitung geschehen, die Intuition systematisch zu entwickeln. Im Yoga wird die echte Intuition als eine stabile, zuverlässige Funktion der höheren Bewußtseinsebenen betrachtet, durch die eine Vielfalt von Informationen zugänglich wird. Meditationstechniken stellen die Mittel dar, mit deren Hilfe man diese Art des Gewahrseins entdecken und entwickeln kann.
Denken Sie daran, daß die Intuition spiritueller Wahrheit etwas ist, das Sie schon in sich tragen. Während Sie entdecken, wer Sie sind, und vertrauter werden mit den transpersonalen Dimensionen Ihres Erlebens, werden Sie sich ihrer immer mehr bewußt werden. Diese Art der Wahrheit wird erkannt, nicht gelernt. Die meisten Menschen müssen, um nach innen schauen zu lernen, um ihre Wahrheit zu finden, einige Zeit damit zubringen, das Durcheinander zu beseitigen, das ein deutliches Gewahrsein verstellt. Aber während dies gelernt wird, kann der Betreffende schon aus den dazu nötigen Schritten persönlichen Nutzen ziehen. Der Weg ist auch das Ziel, da jeder Schritt seinen Wert in sich hat und Befriedigung gibt.

Ebenen intuitiven Gewahrseins

Das breite Spektrum intuitiver Erfahrungen des Menschen konzentriert sich auf vier deutlich abgehobene Ebenen des Gewahrseins: die körperliche, die emotionale, die mentale und die spirituelle. Zwar kann jede einzelne Erfahrung Elemente mehrerer Ebenen in sich tragen, aber sie läßt sich gewöhnlich leicht nach der Ebene zuordnen, auf der sie bewußt wahrgenommen wird. Mystische Erlebnisse sind z. B. intuitive Erfahrungen auf der spirituellen Ebene: Ihre Gültigkeit ist daher nicht von sensorischen, emotionalen oder verstandesmäßigen Hinweisen abhängig. Intuition auf der physischen Ebene ist mit Körperempfindungen, auf der emotionalen Ebene mit Gefühlen, auf der mentalen Ebene mit Bildern und Ideen verbunden.

Die physische Ebene

Intuitive Erlebnisse, die als Eingebungen oder als außersinnlich definiert werden, hängen oft von physischen und emotionalen Auslösern ab, die sie dem Betroffenen zu Bewußtsein bringen. Auf der physischen Ebene erlebt man vielleicht eine starke körperliche Reaktion in einer Situation, die keinen Anlaß für die Annahme gibt, es gehe irgend etwas Ungewöhnliches vor sich. Die Art von »Dschungel-Gespür«, die Angehörige primitiver Völker befähigt, Gefahr zu spüren, auch wenn es keine sensorischen Hinweise auf ihr Vorhandensein gibt, ist eine hochentwickelte Form von Intuition auf der physischen Ebene. Sie unterscheidet sich insofern vom Instinkt, als dieser unbewußt bleibt, während die Intuition völlig bewußt wird – wenn auch der Betreffende vielleicht nach ihr handelt, ohne es vorher zu rechtfertigen oder zu rationalisieren. Er weiß einfach etwas, was er wissen muß, ohne zu wissen, woher er es weiß.
Für Menschen, die in städtischer Umgebung leben, ist diese Art des Gewahrseins nicht weniger nützlich. Wenn sich auch vielleicht nicht immer besonders dramatische Situationen ergeben, kann es doch um Leben oder Tod gehen. In einer für Sie unbehaglichen Lage stellen sich vielleicht körperliche Symptome wie Verspannung, Kopfschmerzen oder Magenschmerzen ein. Wenn Sie innehalten, um diese Hinweise zu beachten, stellen Sie vielleicht fest, daß Sie tatsächlich in einer Situation sind, die ungesund ist und Ihren Organismus ungebührlich belastet. Bereiten Ihnen z. B. Mitarbeiterkonferenzen am Arbeitsplatz immer Magenschmerzen, sollten Sie wahrscheinlich überlegen, was an der Situation geändert werden müßte, um den Streß zu vermindern, selbst wenn dies einen Wechsel

der Stellung bedeutete. Wenn Sie auf körperliche Symptome achten, die oberflächlich betrachtet unerklärlich scheinen, werden Sie wohl eine Menge darüber herausfinden, welche Bedürfnisse Sie haben. Die Hinweise der Intuition auf der körperlichen Ebene sind jedoch nicht immer leicht zu bemerken. Leider kümmert man sich um Botschaften des Körpers oft erst dann, wenn sie schmerzhaft werden. Wenn Sie auf Ihren Körper hören, werden Sie feststellen, daß er – auch ohne Kopfweh oder Magenschmerzen – auf verschiedene Menschen und verschiedene Situationen unterschiedlich reagiert. Manchmal fühlen Sie sich vielleicht offen, warm und reaktionsbereit, ein andermal würden Sie sich vielleicht lieber verschließen und zurückziehen. Ihren körperlichen Reaktionen vertrauen zu lernen, ist Teil des Prozesses, Ihrer Intuition vertrauen zu lernen.
Körperreaktionen geben Ihnen Aufschluß über sich selbst und über Ihre Umgebung. Ann Dreyfuss, eine reichianische Therapeutin in San Francisco und Psychologieprofessorin am California State College in Sonoma, erinnert uns daran, daß der Körper unser Zugang zur Welt ist.

»Es ist möglich, keinen Kontakt zu sich selbst zu haben, seines eigenen Körpers nicht gewahr zu sein und mit seinen körperlichen Vorgängen im Streit zu liegen. Eine solche Disharmonie verzerrt die Sicht der Welt, die Wahrnehmungen und das Auffassungsvermögen. Von Grund auf eine persönliche Vervollkommnung anzustreben, bringt eine wachsende Übereinstimmung zwischen Körper und Gewahrsein mit sich... Welche Dimension der Außenwelt man auch betrachten mag, man erfährt sie durch den Körper, und durch den Körper verzerrt man sie, um sie verständlich zu machen.«

Die Beachtung physischer Streßsymptome hilft Ihnen, für Ihre körperlichen und emotionalen Bedürfnisse zu sorgen, bevor sie Schmerzen oder Zerstörung verursachen. Intuitives Erfassen der eigenen Bedürfnisse kann nicht nur ernsthaften Störungen vorbeugen; es kann Ihnen auch augenblickliche Bedürfnisse direkt anzeigen. Der Wunsch, sich zu verschließen und sich zurückzuziehen, kann z. B. ein Zeichen sein, daß die Situation nicht geeignet ist, um sich in ihr zu öffnen, oder er zeigt vielleicht ein inneres Bedürfnis nach Stille und Einsamkeit an. Er kann aber auch, wenn er eine gewohnheitsmäßige Reaktion ist, mit irgendeiner verborgenen Angst zusammenhängen, die Sie daran hindert, Ihr Leben zu erweitern und neue Möglichkeiten zu erkunden. Wenn dies der Fall ist, werden Sie Ihr Verhaltensmuster vielleicht ändern wollen; der erste Schritt ist dann, sich bewußt zu machen, was mit Ihnen geschieht. Wenn Sie Ihrer Körperreaktionen gewahr werden, können Sie wählen, ob Sie diesen Reaktionen entsprechend handeln wollen oder nicht. Manchmal werden Sie sich in einer bestimmten Situation vielleicht angespannt fühlen und sich entscheiden wegzugehen. Ein andermal mögen Sie Anspannung empfinden, sich zum Bleiben entschließen und sich der Schwierigkeit stellen. Wie dem auch sei, ein wesentlicher Teil des ganzheitlichen intuitiven Gewahrseins Ihrer selbst in Ihrer Beziehung zu Ihrer Umwelt ist es, sich Ihrer Körperreaktionen bewußt zu sein.

Die Forschung hat gezeigt, daß man auch dann physiologisch auf Vorgänge in der Umgebung reagiert, wenn solche Reaktionen unterhalb der Bewußtseinsschwelle bleiben. Bei einem Versuch, den Charles Tart an der University of California durchgeführt hat, wurde ein Proband, der in einer schalldichten Dunkelkammer saß, aufgefordert, jedesmal eine Telegraphentaste zu drücken, wenn er meinte, einen »unterschwelligen Reiz« zu empfangen. Es wurden zwar keine Reize gesetzt, aber in einem anderen schalldichten Raum in einiger Entfernung erhielt ein »Sender« in unregelmäßigen Abständen einen elektrischen Schlag. Der Sender versuchte, dem ersten Probanden jedesmal, wenn er einen Schlag bekam, eine telepathische Botschaft zu schicken, worauf er reagieren und die Taste drükken sollte. Dieser Versuch schlug fehl; das Drücken der Taste hatte keinen Bezug zu den Botschaften des Senders. Es gab jedoch körperliche Reaktionen, die tatsächlich einen Bezug *hatten*. Messungen der Gehirnwellen und des Pulses zeigten, daß der Proband physiologisch auf die telepathischen Reize reagierte, wenn er sich dessen auch nicht bewußt war.

Wie dieses Beispiel zeigt, *kann* man von außersinnlichen Reizen beeinflußt werden, auch wenn man es nicht merkt. Die Aufgabe, die Intuition auf physischer Ebene zu wecken, ist also untrennbar verbunden mit der Steigerung des Gewahrseins dessen, was der Körper schon »weiß«.

Die emotionale Ebene

Auf der emotionalen Ebene ist das Erwecken der Intuition ebenso wie auf der physischen von der Entwicklung des Selbstgewahrseins abhängig. Auf dieser Ebene kommt einem die Intuition durch Gefühle zum Bewußtsein. Durch Empfindlichkeit für die »Vibrationen« oder »Energieströme« anderer Menschen, Fälle von unmittelbarer Sympathie oder Antipathie ohne augenscheinlichen Grund oder ein vages, unerklärliches Gefühl, man solle dies oder das tun, kann sich Intuition auf dieser Ebene zeigen.

Wenn Sie lernen, sich auf Ihre Gefühle einzustimmen, erhalten Sie ebenso deutlich wie durch Körperempfindungen Informationen über eine bestimmte Situation, ob es sich um einen Wechsel des Arbeitsplatzes, die Partnersuche oder auch nur darum handelt, was Sie mit einem freien Wochenende anfangen sollen. Welche Gefühle Sie in bezug auf sich selbst, Ihre Beziehungen und alles, was Sie tun, haben, hängt damit zusammen, in welchem Maß Sie bereit sind, bei Ihren Entscheidungen intuitive Hinweise auf der Gefühlsebene zu berücksichtigen. Je besser Sie sich kennen, desto mehr können Sie Ihrer Intuition vertrauen, z. B. wenn Sie sich intuitiv von jemandem angezogen fühlen, den Sie gern näher kennenlernen möchten, oder wenn Ihre Intuition Sie warnt, sich mit jemandem einzulassen. Die »Liebe auf den ersten Blick« kann man zwar als Projektion wegerklären, aber sie kann auch stark intuitiv sein. Eine Frau in einem meiner Seminare beschrieb, wie sie vor fünf Jahren in einer Gruppe ihren Mann kennengelernt hatte. Sie sagte, in demselben Augenblick, in dem sie ihn sah, habe sie gewußt, er sei der Richtige für sie, obwohl er »nicht nach viel aussah« und sie sich zunächst körperlich nicht stark von ihm angezogen fühlte. Weniger romantische, aber nichtsdestoweniger bedeutungsvolle Fälle von intuitivem »Wissen« auf der Gefühlsebene ereignen sich alle Tage.

Was man allgemein »weibliche Intuition« nennt, ist Intuition auf der emotionalen Ebene. Es gibt keine Beweise für eine angeborene Verschiedenheit der intuitiven Fähigkeiten von Männern und Frauen. Die landläufige Meinung, Frauen seien intuitiver als Männer, hängt vielmehr mit der Tatsache zusammen, daß in unserer Gesellschaft den Frauen in geringerem Maß beigebracht wird, ihre Gefühle zu unterdrücken, als den Männern. Kleine Jungen lehrt man früh, nicht zu weinen und keine Gefühle zu zeigen. Kleinen Mädchen bleibt vielleicht ein Teil der rigorosen rational-intellektuellen Ausbildung erspart, auf die bei Jungen Wert gelegt wird, die in einer Konkurrenzgesellschaft Erfolg haben wollen. In bezug auf die Entwicklung der intuitiven Funktionen der rechten Gehirnhälfte sind Jungen jedoch ebenso fähig wie Mädchen.

Judith Hall, außerordentliche Professorin der Psychologie an der Johns-Hopkins-Universität in Baltimore, berichtet, die Forschung im Bereich der Aufnahmefähigkeit für nonverbale Kommunikation zeige, daß Frauen meist aufmerksamer auf optische Hinweise wie Gesichtsausdruck und Körpergesten, auf den Tonfall und auf die Art achten, wie Menschen einander ansehen oder berühren. Bei Tests, mit denen die Richtigkeit der Deutung nonverbaler Kommunikation gemessen werden soll, erzielen weibliche Probanden bessere Ergebnisse als männliche. Die Meinung, diese Unterschiede seien angeboren, wird aber durch kein Datenmaterial gestützt. Im Gegenteil, eine von Dr. Hall zitierte Untersuchung zeigte, daß konservativere Männer beim Beurteilen nonverbalen Ausdrucks schlechter abschnitten als liberalere und daß konservativere Frauen bessere Ergebnisse aufwiesen als liberalere. Die von Dr. Hall angeführten Unterschiede sind nicht groß, und sie vermutet, auf Grund dieser Ergebnisse könne man annehmen, die Beseitigung stark geschlechtsbestimmter Rollen werde wohl die Testergebnisse bei Männern und Frauen einander annähern.

Diese Art des bewußten Wahrnehmens trägt zwar zum Verstehen anderer Menschen bei, aber man sollte sie nicht mit der Entwicklung des Gewahrseins der eigenen inneren Gefühlszustände verwechseln. Intuition läßt sich nicht auf das Beobachten von Verhaltensweisen, Körpersprache und anderen optischen Hinweisen reduzieren. Sie ist ein ganzheitliches Gewahrsein, zu dem sowohl innere als auch äußere Sensibilität gehört und das manchmal über den sensorischen Input weit hinausgeht.

Auf der emotionalen Ebene sind die Frauen und Männer, die sich ihrer Gefühle bewußt sind und ihnen folgen, meist mit ihrem diffusen intuitiven Erkennen zufrieden, außer wenn sie aufgefordert werden, für Handlungen, die auf intuitiven Gefühlen beruhen, eine logische, rationale Rechtfertigung zu geben. Selbst oder von anderen gestellte Forderungen nach Erklärung werden gewöhnlich mit unzulänglichen Rationalisierungen beantwortet, die niemanden befriedigen. Selten ist jemand bereit, einfach zu sagen, er habe etwas nur getan, weil er das Gefühl hatte, es sei richtig. Trotzdem handeln Menschen aller Berufe und Lebensstile tatsächlich auf Grund intuitiver Gefühle und glauben, ihre Entscheidungen seien so um so besser.

Die Erweiterung des Gewahrseins der emotionalen Intuitionsebene ist oft verbunden mit einer Zunahme außersinnlicher Erfahrungen, die zeitgleich mit der anderer geschieht. Zum Beispiel können Sie den Wunsch spüren, jemanden anzurufen, mit dem Sie aus keinem besonderen Grund seit einiger Zeit nicht gesprochen haben. Wenn Sie diesem Gefühl entsprechend handeln, werden Sie vielleicht entdecken, daß der Angerufene schon versucht hatte, sich mit Ihnen in Verbindung zu setzen, oder daß es gerade der richtige Zeitpunkt für Sie war, anzurufen. Nicht immer entdecken Sie später einen Grund für Ihr intuitives Gefühl. Je mehr Sie jedoch in Ihren Handlungen Ihren Gefühlen folgen und riskieren, die Gültigkeit Ihrer Intuition zu überprüfen, desto zuverlässiger kann sie werden.

Manchmal wird Ihnen die Intuition auf dieser Ebene etwas über Ihre zwischenmenschlichen Beziehungen sagen, das Sie lieber nicht wissen möchten, und in diesen Fällen mag es leichter scheinen, die Intuition zu verdrängen, als nach ihr zu handeln. Sie könnten z. B. jemandem begegnen, mit dem Sie Freundschaft schließen möchten, obwohl Sie das Gefühl haben, es werde nicht geschehen. Während meines weiterführenden Studiums erzählte mir ein Freund, wie gern er einen unserer Professoren kennenlernen wollte, den er sehr bewunderte. Eines Nachts träumte er, er spreche mit ihm, aber der Professor sagte nicht viel und weigerte sich, den Mantel auszuziehen. Als mein Freund darüber nachdachte, was der Traum ihm sagen wollte, begriff er, daß er intuitiv erkannt hatte: Dieser Mann hatte von Anfang an in der Distanz bleiben wollen. Wiederholte Versuche, ihn näher kennenzulernen, waren vergeblich. Später bedauerte er, Zeit und Mühe dafür aufgewendet zu haben, denn er hatte die ganze Zeit »gewußt«, es würde fruchtlos bleiben.

Zu erkennen und zu beachten, was für Sie auf der Gefühlsebene wahr ist, hat nicht immer mit anderen Menschen zu tun. Ein Umschwung der Stimmung, ein Wechsel des Blickwinkels kann auch als Erwachen der Intuition erlebt werden. Elizabeth Herron, eine zeitgenössische Dichterin, schreibt über ihre Erfahrung mit dieser Art des Erwachens und die Schwierigkeiten, diese subjektiv bedeutungsvolle Erfahrung zu verbalisieren:

»Ich war niedergeschlagen. Die Welt erschien mir flach und farblos. Ich hatte mich zurückgezogen. Ich war ein winziger Kern in meinem Körper, Notwendigkeiten und Verpflichtungen hilflos preisgegeben, bedrückt von meiner Isoliertheit, abgeschnitten vom Urquell meiner Seele. Ich ging zum Teich, zog mich aus und stürzte mich ins Wasser – ein plötzlicher Schock, kalt auf der Haut. Als ich wieder an die Oberfläche kam, hörte ich über die Wiese her einen Vogel rufen. Plötzlich war es absolut still in mir. Der Vogelruf war meine Stimme. Wir waren getrennt und doch eins. Ich war dort draußen und hier drinnen. ... Alles traf sich in mir und strahlte von mir aus. ›Das Zentrum des Kreises ist überall, die Peripherie nirgends.‹ Ich erkannte dies und wußte, es war schon immer so gewesen, wenn ich es auch nicht hatte erleben können, weil ich davon abgeschnitten war. Mein Kopf füllte sich mit poetischen Bildern. Die Dimension des Unendlichen war überall.
Dies war eine Wiederholung ähnlicher Erfahrungen. Es ist ein paradoxes Gewahrsein. In diesen Augenblicken *weiß* ich. Aber mein Wissen ist nicht genug. Ich muß mich bemühen zu begreifen, was ich weiß. Ich muß mein intuitives Wissen ausdrücken, damit ich es mitteilen kann. Ich kann meine Erfahrung nicht mit Ihnen teilen, indem ich Ihnen nur davon erzähle. Als Dichterin suche ich Worte für mein Erlebnis, aber Worte allein sind nicht genug. Es gibt Wirklichkeiten – Schattierungen des Gefühls und der Bedeutung, für die Worte unzureichend sind.«

Künstlerisches Bestreben in all seinen Formen findet oft eine Ausdrucksmöglichkeit für diese Art intuitiven Gewahrseins. Aber man braucht kein Künstler zu sein, um sich die bewußte Sensibilität für Gefühle zunutze zu machen. Gefühlszustände färben immer die Wahrnehmung der Realität, sie geben aber auch Aufschluß über unsere Beziehungen zu anderen und zur Umwelt. Die Welt durch das Medium der Gefühle wahrzunehmen, ist wie das Tragen einer getönten Brille, das die Sehschärfe verbessern kann, aber alles in einem bestimmten Farbton erscheinen läßt. Man muß erkennen, daß man eine getönte Brille trägt (d. h. zugeben, daß die Wahrnehmung durch Gefühlszustände verzerrt wird), wenn man Intuition von persönlichen Gefühlsreaktionen unterscheiden lernen will.

Die mentale Ebene

Intuition auf der mentalen Ebene kommt einem oft durch Bilder oder durch die sogenannte »innere Schau« zum Bewußtsein. Man nimmt vielleicht Ordnungsmuster wahr, wo alles zunächst chaotisch aussah, oder man erfaßt Veränderungsmuster intuitiv, lange bevor die Verifikation durch sorgfältige Beobachtung beendet ist. Im Abendland werden die Eingebungen der Intuition, die auf die erschöpfende Anwendung von Logik und Verstand folgen, meist höher geschätzt als andere Arten der Intuition, da sie zusammenhängen mit Entdeckung und Erfindung, die den Fortschritt der Technik fördern.

Intuition auf der mentalen Ebene wird wirksam bei der Formulierung neuer Theorien und Hypothesen in allen Bereichen, denn diese Art der Intuition beinhaltet die Fähigkeit, auf der Grundlage begrenzter Information zu richtigen Folgerungen zu gelangen. Alle Formen der Intuition sind zwar in dem Sinn mental, daß sie eine Funktion des Geistes sind, aber hier sind mit Intuition auf der mentalen Ebene besonders jene Aspekte der Intuition gemeint, die mit dem Denken zu tun haben. Intuition auf dieser Ebene geht also oft mit Problemlösung, Mathematik und wissenschaftlicher Erkundung einher.

Malcolm Westcott hat die Schriften von Mathematikern durchgesehen, besonderen Bezug nimmt er auf Poincaré. Dieser schreibt über die Bedeutung der Intuition bei seiner eigenen Arbeit und erklärt, sowohl Intuition als auch analytisches Denken sei unerläßlich für den Fortschritt der Mathematik wie auch der empirischen Wissenschaften. Jacques Hadamard bestätigt diese Ansichten und fügt die Beobachtungen anderer Mathematiker hinzu. Hadamard zitiert Einstein folgendermaßen:

»Die Worte oder die Sprache, wie sie geschrieben oder gesprochen werden, scheinen in meinem Denkmechanismus keine Rolle zu spielen. Die psychischen Entitäten, die im Denken als Elemente zu dienen scheinen, sind bestimmte Zeichen und mehr oder weniger klare Bilder, die sich ›willentlich‹ reproduzieren und kombinieren lassen.«

Einstein glaubte, man könne die objektive physikalische Realität nur durch einen intuitiven Sprung begreifen, nicht direkt empirisch oder logisch. Er behauptete ferner, daß die axiomatische Basis der theoretischen Physik nicht aus der Erfahrung abgeleitet sein kann, sondern eine freie Erfindung des menschlichen Geistes ist. In seiner Abhandlung über »Die Struktur der Kreativität in der Physik« bestätigt Siegfried Müller-Markus diese Behauptung und schließt:

»Eine Idee wie Plancks Wirkungsquantum war nicht die logische Folge von Experimenten, noch ließ sie sich aus früheren Theorien ableiten. Planck hat sie aus sich selbst erdacht.«

Auch Menschen, die im Managementbereich arbeiten, haben erkannt, welche Rolle die Intuition in der Kreativität und bei der Problemlösung spielt. Erfolgreiche Geschäftsleute sind typischerweise auf der mentalen Ebene intuitiv. Forschungsergebnisse zeigen, daß erfolgreiche leitende Angestellte bei Tests zur außersinnlichen Wahrnehmung meist weit überdurchschnittliche Trefferquoten erzielen. Die Fähigkeit, intuitiv zu wissen, was in irgendeiner Art von Geschäft zum Erfolg führen wird, trägt gewiß zu dem Ergebnis bei, das oft dem »Glück« zugeschrieben wird. Henry Mintzberg weist darauf hin, daß die Prozesse der rechten Gehirnhälfte bei Managern gut entwickelt sein sollten. Es ist wichtig für Manager, »das Gesamtbild zu sehen«, sagt Mintzberg, und dies bewirkt einen auf Relationen abgestellten, ganzheitlichen Gebrauch von Informationen (d. h. eher eine Synthese als eine Analyse von Daten). Er bemängelt auch, wie wenig Literatur über dieses Thema vorhanden ist:

»... trotz einer ausgedehnten Literatur über den analytischen Entscheidungsprozeß wird praktisch nichts über das Fällen von Entscheidungen unter Druck geschrieben. Diese Tätigkeiten bleiben außerhalb des Bereichs der Wissenschaft vom Management, innerhalb des Bereichs von Intuition und Erfahrung.«

Mintzberg vertritt die Hypothese, daß die wichtigen Vorgänge auf der Ebene der Geschäftpolitik, die für die Leitung eines Unternehmens erforderlich sind, in erheblichem Maß auf den Fähigkeiten aufbauen, die mit der rechten Gehirnhälfte identifiziert werden. Die Manager, die die Geschäftspolitik bestimmen, würden ihre Strategie ganzheitlich anlegen, während der Rest der bürokratischen Hierarchie die Politik in linearer Abfolge in die Praxis umsetzt. Mintzberg erklärt, alles intuitive Denken müsse in eine lineare Ordnung umgesetzt werden, damit es artikuliert und nutzbar gemacht werden kann. Wirklich hervorragende Manager seien jene, die effektive Prozesse der rechten Gehirnhälfte mit effektiven Prozessen der linken in sich vereinen.

Die Spezialisierung der Funktionen der beiden Gehirnhälften wird zwar möglicherweise überbetont, aber die Grundthese, daß intuitives Denken bei Entscheidungsprozessen eine ausschlaggebende Rolle spielt, wird von anderen Autoren auf diesem Gebiet unterstützt. Ostrander, Schroeder, Dean und Mihalasky behaupten, Menschen mit einer hochentwickelten Intuition seien erfolgreicher. Außersinnliche Wahrnehmung scheint bei Entscheidungsfragen, bei wirtschaftlichen Vorhersagen und bei der Einstellung von Personal besonders zu nützen.

Intuition im Geschäftsleben wird oft als »Gefühl im Bauch« bezeichnet, aber ein Mensch, dessen Intuition auf der mentalen Ebene gut entwickelt ist, hat nicht unbedingt auf der Gefühlsebene eine ebenso gut entwickelte Intuition. Carson Jeffries, ein Physiker, der an einem meiner Seminare an der University of California in Berkeley teilgenommen hat, sagte mir, er wisse seine Intuition zu schätzen und benütze sie bei seinen Forschungen, aber in zwischenmenschlichen Beziehungen habe er keinen Kontakt zu ihr. Für ihn funktionierte die Intuition auf der mentalen Ebene, aber nicht auf der emotionalen. Nachdem ihm dies bewußt geworden war, konnte er die Reichweite seiner intuitiven Fähigkeiten so ausdehnen, daß sie einen größeren Teil seines Erlebens umfaßte.

Man braucht kein Wissenschaftler oder Firmenmanager zu sein, um den Wert der Intuition auf mentaler Ebene zu schätzen. Jeder kann diese Art der Intuition erfahren: indem er plötzlich Muster in seinem Leben erkennt – durch ein »Aha-Erlebnis« in der Psychotherapie, wenn unbewußte Vorgänge plötzlich klar werden, oder beim

»Heureka!« einer neuen Entdeckung. Solche Einsichten sind oft von Vorstellungsbildern begleitet, aber nicht notwendigerweise. Muster erkennt man nicht immer visuell. Bei einem Musiker kann die Erkenntnis akustischer Art sein, oder sie ist einfach ein blitzartiges Verstehen, bei dem Ereignisse oder Gedanken sich ordnen.
Melvin Calvin, Nobelpreisträger für Chemie 1961, beschreibt z. B. den aufregendsten Moment seiner Forschungen so:

»Eines Tages wartete ich im Auto, während meine Frau eine Besorgung machte. Ich hatte seit Monaten grundlegende Informationen aus dem Laboratorium, die unvereinbar waren mit allem, was ich bis dahin über die Photosynthese wußte. Ich wartete, saß am Steuer, wahrscheinlich im Parkverbot stehend, als mir die fehlende Verbindung einfiel. Es kam einfach so – ganz plötzlich –, und plötzlich, ebenfalls in Sekunden, wurde mir der zyklische Charakter des Wegs des Kohlenstoffs deutlich, nicht so detailliert, wie er dann schließlich erhellt wurde, aber das ursprüngliche Erkennen der Phosphoglycerinsäure und der Art, wie sie dorthin kam, und wie der Akzeptor sich vielleicht regenerierte – alles passierte in etwa 30 Sekunden.«

Vielleicht haben Sie einmal die Erfahrung gemacht, sich mit einem Problem oder einer Entscheidung herumzuschlagen, bis Sie es satt hatten und beschlossen hatten, es eine Zeitlang zu vergessen. Sehr oft kommt einem dann plötzlich die Lösung in den Sinn, wenn man es am wenigsten erwartet. Der Ausdruck »darüber schlafen« bezieht sich darauf, daß man diesem intuitiven Vorgang erlaubt, sich im Schlaf zu vollenden. Viele Menschen berichten, sie hätten im Traum oder Tagtraum die Lösung für ein anscheinend unlösbares Dilemma gefunden. Wenn Sie aufhören, etwas herbeizwingen zu wollen, kann die Intuition funktionieren.
Bei ihrer Biofeedback-Forschung an der Menninger Foundation in Kansas haben Elmer und Alyce Green mit dem Ausdruck *passives Wollen* das distanzierte, anstrengungslose Wollen bezeichnet, das für die willkürliche Steuerung physiologischer Funktionen erforderlich ist, die normalerweise durch das autonome Nervensystem reguliert werden. Während eine aktive Willensanstrengung für die Steuerung des animalen Nervensystems nötig ist, ist passives Wol-

len notwendig für die Steuerung des vegetativen Nervensystems, das physiologische Funktionen wie Herzfrequenz, Blutkreislauf und Muskelspannung reguliert. Probanden, die z. B. trainiert werden, die Durchblutung ihrer Hände willkürlich zu steigern oder zu vermindern, lernen dies durch bildhafte Vorstellungen. Wenn die Probanden sich der subtilen physiologischen Veränderungen bewußt werden, die ablaufen, lernen sie, sie geschehen zu lassen. Die Greens sagen: »Wenige Menschen machen sich jedoch klar, daß [das] Gefühl oder die Intuition der Freiheit in bezug auf das autonome Nervensystem eine ungewöhnliche Bedeutung hat.« Anders ausgedrückt, zu wissen, daß man einen Vorgang, von dem man angenommen hat, er sei nicht willkürlich zu steuern, beeinflussen kann, macht es leichter zu lernen, wie man das macht.
Die Intuition wird auf allen Ebenen oft als etwas spontan Aufsteigendes erlebt, und jeder Versuch, sie willentlich zu kontrollieren, mag zunächst vergeblich erscheinen. Sobald man aber erkennt, daß man etwas dazu tun kann, damit sie aufsteigt, läßt sie sich willentlich ausdehnen, und das Tempo der Ausdehnung läßt sich beschleunigen.

Die spirituelle Ebene

Spirituelle Intuition ist mit mystischer Erfahrung verbunden, und auf dieser Ebene ist die Intuition »rein«. Reine spirituelle Intuition unterscheidet sich von anderen Formen durch ihre Unabhängigkeit von Empfindungen, Gefühlen und Gedanken. In einer Erörterung der Intuition in der spirituellen Psychosynthese betrachtet Assagioli die Intuition als eine selbständige psychische Funktion, die insofern »synthetisch« ist, als sie eine gegebene Situation oder psychische Realität in ihrer Totalität begreift. Assagioli sagt: »Nur durch Intuition kommt man zu einem wahren Verstehen der eigenen Person und anderer.« In ihrer reinsten Erscheinung, erklärt Assagioli, ist Intuition frei von Gefühl, und als normale Funktion der menschlichen Psyche kann sie nur aktiviert werden, indem man die verschiedenen Hindernisse beseitigt, die sich ihrer Entfaltung entgegenstellen. Auf dieser Ebene ist die Intuition nicht vom Spüren, Fühlen oder Denken abhängig. Sie ist nicht mit dem Körper, den

Gefühlen oder der Wahrnehmung von Mustern verknüpft, die auf spezifische Probleme oder Situationen bezogen ist. Paradoxerweise gelten die Auslöser, von denen die Intuition auf anderen Ebenen abhängig ist, auf dieser als störend. Ein Wissen darum, wie Intuition auf anderen Ebenen funktioniert, verhilft zur Aufklärung des Mißverständnisses, bei Intuition als einer Art des Wissens handle es sich um ein »Alles-oder-nichts«-Phänomen. Der Grad intuitiven Gewahrseins kann durchaus von Faktoren wie Zeit, Ort, Stimmung, Einstellung, Bewußtseinszustand und vielen anderen Variablen beeinflußt werden.

Nach Spinoza ist spirituelle Intuition Gotteserkenntnis. James Bugenthal setzt diese Erkenntnis mit der Erfahrung des Menschen von seinem eigenen Sein gleich und sagt: »Der Mensch erkennt Gott in seinen tiefsten Eingebungen über seine eigene Natur.« Dr. Bugenthal bezeichnet die innere Schau, durch die der Mensch seine Natur entdeckt, als einen kreativen Vorgang, der über eine Beobachtung des schon Vorhandenen hinaus neue Möglichkeiten entstehen läßt.

Dazu gehört das Potential, über die Dualität und das persönliche Abgetrenntsein hinauszugelangen. Abraham Maslow hat in den sechziger Jahren in seiner Untersuchung von Menschen, die sich selbst verwirklichen, festgestellt:

»Dieses Überschreiten der Dichotomie ist zwar bei Menschen, die sich selbst verwirklichen, eine übliche Erscheinung, aber sie ist auch bei den meisten übrigen in den Augenblicken zu beobachten, in denen im Selbst und zwischen dem Selbst und der Welt die höchste Integration stattfindet. In der höchsten Liebe zwischen Mann und Frau oder Eltern und Kind, wo der Mensch den Gipfel von Kraft, Selbstachtung oder Individualität erreicht, verschmilzt er gleichzeitig mit dem anderen, verliert das Bewußtsein seiner selbst und überschreitet mehr oder weniger sein Selbst und seine Selbstsucht. Dasselbe kann im schöpferischen Augenblick geschehen, in der tiefen ästhetischen Erfahrung, im Erleben der Einsicht... und anderen, die ich allgemein als Gipfelerlebnisse (peak experiences) bezeichnet habe.«

Spirituelle Intuition als ganzheitliche Wahrnehmung der Realität übersteigt rationale, dualistische Arten des Erkennens und gewährt dem Menschen ein unmittelbares transpersonales Erlebnis der grundlegenden Einheit des Lebens. Bei der Beschreibung des Unterschieds zwischen dualen (rationalen, begrifflichen) und nichtdualen (intuitiven, ganzheitlichen) Erkenntnisweisen schreibt Ken Wilber:

»Wenn wir die Wirklichkeit in ihrer Fülle und Ganzheit erkennen wollen, wenn wir aufhören wollen, uns selbst zu verfehlen bei dem Versuch, uns selbst zu finden, wenn wir in die konkrete Tatsächlichkeit des Territoriums eintreten wollen, anstatt uns von Landkarten irreleiten zu lassen, die doch nur ihre Besitzer besitzen, dann werden wir über die dualistisch-symbolische Weise des Erkennens, die das Gewebe der Wirklichkeit zerreißt bei dem Versuch, es zu erfassen, hinausgehen müssen. Wir werden aus dem Halbdunkel der [dualistischen] Abenderkenntnis ins helle Licht der [intuitiven] Morgenerkenntnis eintreten müssen: Um die Wirklichkeit zu erfassen, müssen wir uns der zweiten Weise des Erkennens zuwenden. Für jetzt mag es genügen zu wissen, daß wir die Fähigkeit zur Morgenerkenntnis besitzen; wirklich genug wird es erst dann sein, wenn wir sie gänzlich erweckt haben.«

Im Yoga wird die spirituelle Intuition Seelenführung genannt, und es heißt, sie tauche spontan auf, wenn der Geist still sei. In seinen Schriften über die Lehren Sri Aurobindos beschreibt Satprem den intuitiven Geist folgendermaßen:

»Der intuitive Geist unterscheidet sich vom erleuchteten Geist durch seine klare Durchsichtigkeit… alles verläuft so schnell, so blitzartig – die erschreckende Schnelligkeit des Bewußtseins, in das die Klarheit einkehrt.
Intuitives Wissen kann zwar nach persönlichen Schwerpunkten übersetzt oder interpretiert werden, aber es ist grundsätzlich immer ein Schock, der zum Einssein führt, ein Zusammentreffen – man weiß, weil man wiedererkennt. Sri Aurobindo hat gesagt, die Intuition sei *eine Rückerinnerung an die Wahrheit.*«

Die Praxis der Meditation bereitet den Geist auf die Erfahrung der spirituellen Intuition vor, indem sie die Hindernisse beseitigt, die ihrem Bewußtwerden gewöhnlich im Weg stehen. Will man diese Ebene der Intuition verstehen lernen, muß man das reine Gewahrsein oder Bewußtsein als Kontext jeder Erfahrung erkennen, der sich vom Inhalt des Bewußtseins unterscheidet.

Um subjektiv zwischen Ihrem eigenen Bewußtsein und seinen Inhalten zu unterscheiden, können Sie folgenden Versuch machen: Schreiben Sie alles nieder, dessen Sie sich im Augenblick bewußt sind. Einige Minuten lang. Und nun stellen Sie fest, was Sie ausgelassen haben. In jedem beliebigen Augenblick sind Sie sich nur eines Bruchteils dessen bewußt, was in Ihrem Geist vor sich geht. Das Bewußtsein ist selektiv, und im normalen Wachzustand ist die Spannweite des Gewahrseins äußerst eng. Wenn das Bewußtsein jedoch beginnt, sich selber zu beobachten, fängt es an, sich zu erweitern. Sie werden vielleicht bemerken, daß Sie, während Sie dies lesen, gleichzeitig Ihre Umgebung wahrnehmen, sich bewußt sind, wie spät es ist (ungefähr), ob Sie Hunger oder Durst haben, vielleicht fragen Sie sich auch, wann Ihr Freund anrufen wird und wie Sie das, was Sie morgen tun wollen, einrichten sollen. Vielleicht überdenken Sie auch noch einmal ein unbefriedigendes Gespräch, das Sie früher am Tag mit jemandem geführt haben. Können Sie Ihren eigenen Bewußtseinsstrom so beobachten, daß Sie damit zufrieden sind? Oder laufen so viele Bewußtseinsströme gleichzeitig in verschiedene Richtungen, daß Sie sie gar nicht alle beobachten können? Es ist eins der Ziele der Meditation zu lernen, den Geist so leer zu machen, daß man das Bewußtsein ohne Inhalte erleben kann. Indem Sie Ihre Gedanken, Gefühle und Empfindungen beobachten, ohne einzugreifen, fangen Sie vielleicht an, jene Stille zu erleben, in der sich die spirituelle Intuition entfaltet.

Das Aktivieren der spirituellen Intuition bedeutet, daß man sich nicht auf die personalen, sondern auf die transpersonalen Bereiche der Intuition konzentriert. Auf dieser Ebene kommt das Bewußtsein als Kontext und nicht der Inhalt des Bewußtseins in den Vordergrund des Gewahrseins. Andere Formen der Intuition, in deren Brennpunkt Empfinden, Fühlen und Denken stehen, werden zu Hindernissen für das reine, inhaltslose Gewahrsein. Wenn Sie sich von den Kräften zu sehr einnehmen lassen, die die Intuition Ihnen auf anderen Ebenen erschließen kann, werden Sie Ihr Potential für die Entwicklung spiritueller Intuition vielleicht nicht erkennen. Jedoch ist diese Dimension der Intuition der Urgrund, aus dem alle anderen Formen der Intuition stammen.

Intuition in Ihrem Leben

Auf allen Ebenen wird die Intuition Sie ins Neue, Unbekannte führen. Gleichgültig, auf welcher Ebene Sie arbeiten, gleichgültig, welchen Weg Sie zu gehen meinen, die Intuition wird Sie immer über die Grenzen Ihres früheren Wissens hinaus in Bereiche neuer Entdekkungen führen. Ganz gleich, wieviel Sie schon wissen – es ist immer noch mehr zu entdecken.

Intuitionserfahrungen erweitern – ob sie nun spontan oder infolge von Einübung erfolgen – ausnahmslos das Bewußtsein, so daß es mehr von der Realität erfaßt und mehr begreift, was wahr ist.

Wenn Sie über Ihr Leben nachdenken und die Wendepunkte betrachten, die Sie in neue Erfahrungs- und Erlebnisbereiche geführt haben, werden Sie vielleicht die Rolle der Intuition erkennen. Sie können nicht im voraus wissen, welche Ergebnisse eine bestimmte Handlungsweise haben wird. Entscheidungen beruhen auf dem, was man *weiß*, *und* auf dem, was man intuitiv als den richtigen Kurs empfindet. Nur wenige Menschen heiraten, wechseln den Wohnort oder den Beruf, ohne Zweifel und Ungewißheit über ihre Entscheidung zu spüren. Solche Entscheidungen können sogar irrational oder zumindest nur halb vernünftig erscheinen. Manch einer läßt eine sichere berufliche Position hinter sich, um einen neuen Beruf auf einem völlig anderen Gebiet auszuprobieren. Oder jemand erkundigt sich in einer plötzlichen Anwandlung nach der Teilnahme an einem Workshop oder einem Seminar, für das er sich bisher kaum interessiert hat, das sein persönliches Weiterkommen zutiefst beeinflußt. Ein Ehepaar, das an einem Intuitions-Workshop teilnahm, sagte, sie hätten intuitiv die Stadt, in der sie lebten, als den Ort gewählt, an dem sie sein wollten, ohne zu wissen, warum. Heute, zehn Jahre später, wüßten sie, daß sie die richtige Entscheidung getroffen hätten.

Wie oft haben Sie schon auf Grund einer Intuition eine Handlungsweise einer anderen vorgezogen? Machen Sie eine Liste der Fälle in Ihrem Leben, in denen Sie gemerkt haben, daß Sie spontan Ihrer Intuition gefolgt sind. Nehmen Sie sich Zeit, um darüber nachzudenken, ob Sie die richtige Wahl getroffen haben und welche Alternativen Sie gehabt hätten. Fragen Sie sich, ob Sie Ihrer Intuition trauen können, und achten Sie darauf, wie sie sich in Ihrem Leben auswirkt.

Eine gute Möglichkeit, Ihre Intuition weiterzuentwickeln, besteht darin, mit einem Freund (einer Freundin) über Intuition und Ihre Erfahrungen mit Intuition zu sprechen. Viele Menschen, die ihre Intuition sehr wohl kennen, sprechen nicht darüber, weil sie besorgt sind, sie könnten seltsam oder ungewöhnlich wirken. Wenn ich jedoch in meinen Workshops die Leute auffordere, über ihre Erfahrungen mit Intuition zu sprechen, genießen sie es, davon zu erzählen. Sie wirken auch erfreut und erleichtert, wenn sie andere Menschen finden, die ihr Interesse teilen und mit einem teilnehmenden Zuhörer gern über ihre eigenen Erfahrungen reden. Wenn man noch nie über die Wirkungen der Intuition in seinem Leben gesprochen hat, ist es oft beruhigend zu wissen, daß sie sich auf die eine oder andere Weise in jedermanns Leben auswirkt.

Spontan eintretende Erlebnisse mit Intuition können einem ein Gefühl erneuerter Vitalität, der Erregung und der Anteilnahme am Leben verschaffen. Mystische oder transpersonale Erfahrungen, die kein materielles Ziel, keinen materiellen Zweck haben, können für einen Menschen die Ansicht von der Realität total verwandeln. Intuition ist nicht nur an den praktischen Entscheidungen beteiligt, die Ihr Leben gestalten, sondern auch an Ihrer Entscheidung für die eine oder andere Überzeugung vom Wesen der Welt. Glaubenssysteme werden oft unbewußt gewählt, und sie können die Wahrnehmung ihrer Anhänger so formen, daß andere Glaubensrichtungen ungültig erscheinen. Der Ausdruck »Glaubenssysteme« bezieht sich nicht im strengen Wortsinn nur auf religiöse Überzeugungen, sondern auf alle Anschauungen von der Realität. Heute ermöglicht die Tatsache, daß fast alle Menschen ohne Mühe eine Vielfalt von religiösen Lehren kennenlernen können, es dem einzelnen, sich Überzeugungen auszusuchen, die wahr zu sein scheinen, anstatt ein Leben lang in den Fesseln eines religiösen Dogmas zu bleiben; unbewußte Annahmen sind aber manchmal schwer zu erkennen.

Jeder geht von Annahmen über das Wesen der Realität aus, und diese Annahmen bilden subjektive Glaubenssysteme, nicht objektive Beobachtungen. Man kann diese Glaubenssysteme auf frühe Konditionierung zurückführen, aber sobald man bereit ist, sie in Frage zu stellen und andere Anschauungen in Betracht zu ziehen, eröffnet man sich eine Wahlmöglichkeit. Was man für wahr hält, formt das eigene Erleben, und seine Überzeugungen wählt man nicht rational, sondern intuitiv. Lawrence LeShan definiert ein metaphysisches System als eine Reihe von Annahmen darüber, wie das Universum zusammengesetzt ist und wie es funktioniert. Er gibt zu verstehen, das metaphysische System, dessen man sich bedient, sei das metaphysische System, das in Kraft ist. Wenn das der Fall ist – und Dr. LeShan hat umfassende Forschungsarbeit geleistet, um seine Ansicht zu begründen –, lohnt es sich, das Glaubenssystem zu untersuchen, das Sie sich ausgesucht haben, um von ihm Ihr Leben bestimmen zu lassen. Die Erweiterung des intuitiven Gewahrseins bedeutet, daß Sie einige der Annahmen, die Ihnen bisher selbstverständlich waren, untersuchen, in Frage stellen und vielleicht ändern.

Die Arbeit mit der Bewußtheit

Folgende Texte können zum Verständnis beitragen, wie mit der erwachten Bewußtheit umgegangen werden soll. Aus der Fülle der Möglichkeiten anderer Bewußtseinszustände wurden speziell diese zwei ausgewählt, um aufzuzeigen, wie Körper und Seele durch geistige Arbeit positiv beeinflußt werden können. Man darf freilich nie außer acht lassen, daß das Ziel jeder Bewußtseinserweiterung letztlich nur die Selbstfindung ist, jene Selbstidentität, die zu erreichen die moderne Welt beinahe unmöglich macht.

Holger Kalweit

Heiltrance und Trancelogik

Es ist, als ob Himmel und Erde eins werden.
Alles wird strahlend hell.
Es ist wie die Empfindung beim ersten Geschlechtsverkehr.
Als laufe man verloren über eine weite Landstraße.

Trancebeschreibung der indischen
Saora Elwin. (1955, 476)

Trance heißt »einen Loa haben«, von einem Gott besessen sein. »Zu verstehen, daß das Ich gehen muß, wenn der Loa eintritt, heißt verstehen, daß man nicht Mensch und Gott gleichzeitig sein kann«, sagt Maya Deren, eine der wenigen Weißen, die beim Voodoo in Haiti lernte, besessen zu werden. Das erste Zeichen der Trance ist für Deren die »Verwundbarkeit« des Ichs, eine Erschütterung der Grundfesten unseres Ichs, die sich auflösen und Platz machen für andere Kräfte. Hier ihre Erfahrung beim Tanzen:

»Die Luft ist schwer und naß, nach Luft schnappend fühle ich: es kommt kein Sauerstoff in meine keuchenden Lungen. Meine Schläfen pochen. Meine Beine sind schwer wie Stein, die Muskeln angespannt, die Schmerzen graben sich mit jeder Bewegung tiefer. Mein ganzes Wesen ist ausgerichtet auf einen einzigen Gedanken: ich muß aushalten.
Ich kann jetzt nicht sagen, warum ich nicht aufhörte, außer, daß an der Wurzel all dieser Erfahrungen ein Gefühl der Vorahnung schlummert, daß man am Ende als Sieger oder Besiegter daraus hervorgehen wird. Das muß man in Kauf nehmen. Davor kann man sich nicht verschließen. Ich war in diesem Augenblick so darauf konzentriert auszuhalten, daß ich nicht einmal wahrnahm, als es aufhörte, schwierig zu sein, und ich kann nicht angeben, ob es plötzlich oder allmählich geschah; auf einmal bemerkte ich nur, der Takt, der unerträgliche Aufmerksamkeit gefordert hatte, war eine

Stufe tiefer gerutscht, zur Zeitlupe hin, so daß mein Bewußtsein jetzt Zeit hatte umherzuschweifen, in Ruhe zu beobachten – wie wunderbar, die Trommeln zu hören, sich zu ihnen zu bewegen, all das so anstrengungslos zu tun und, wollte man es, zu verfeinern, die Bewegung der Arme eleganter auszuführen, oder die Ferse kontrapunktisch zu bewegen, oder jene Bewegung diesmal zur Seite zu machen.

So wie manchmal in Träumen, so kann ich mich hier selbst beobachten, kann mit Freude wahrnehmen, wie der Saum meines weißen Kleides mit dem Rhythmus spielt, ich kann beobachten wie in einem Spiegel, wie ein Lächeln einsetzt mit einem Weicherwerden der Lippen und sich unmerklich in ein Strahlen verwandelt, das mit Sicherheit schöner als alles ist, was ich bisher gesehen habe. Wenn ich mich drehe, ist es, als sage ich zu einem Nachbarn: ›Schau! Sieh, wie wunderbar das ist!‹ und dabei bemerke, daß die anderen sich ja in einiger Entfernung befinden, sich bereits zurückgezogen haben in den Kreis der Zuschauer, es ist dann so, als werde ich vom Blitz getroffen, und ich weiß, daß nicht mehr ich selbst es bin, den ich beobachte. Und doch, ich bin es, denn wenn dieser Blitz mich trifft, werden wir zwei wieder vereint, auf dem linken Bein, das wie in der Erde verwurzelt ist. Jetzt nur Schrecken. ›Das ist es!‹ Auf diesem Bein ausruhend spüre ich eine eigenartige Taubheit, die von der Erde her eintritt und im Knochenmark selbst aufsteigt, so langsam und satt wie Saft, der in einem Baumstamm emporquillt. Ich sage Taubheit, doch das ist nicht richtig. Um genau zu sein – obwohl es auch für mich nur Erinnerung ist, doch anders ist es nicht zu begreifen: Ich muß es weiße Dunkelheit nennen, das Weiß ist Herrlichkeit, die Dunkelheit Schrecken. Es ist der Schrecken, der gewaltiger ist, und mit einer letzten Anstrengung reiße ich das Bein los – ich muß mich weiterbewegen! Muß mich bewegen! Und den Tanzrhythmus der Trommeln wieder aufgreifen, um mich an etwas zu klammern, etwas, das meine Füße davon abhält, auf der gefährlichen Erde zu verharren. Kaum habe ich mich in die Bewegung hineingerettet, da verdoppelt sich mein Selbstgefühl erneut, wie in einem Spiegel, teilt sich zu beiden Seiten einer unsichtbaren Schwelle, außer daß jetzt die Wahrnehmung desjenigen, der beobachtet, flimmert, die Lider flattern, die Abstände zwischen den Wahrnehmungsaugenblicken weiter werden. Ich sehe den Tanzenden an diesem und im nächsten Moment an einem anderen Ort, in eine andere Richtung blickend, und was immer zwischen diesen Augenblicken liegt, ist verloren, vollkommen verschwunden. Ich fühle, daß diese Lücken sich vergrößern werden und daß ich schließlich ganz verloren sein werde in diesem toten Raum und dieser toten Zeit. Mit einem lauten Schlag vereinigt uns die Trommel erneut auf dem Punkt des linken Beines. Die weiße Dunkelheit beginnt heraufzuschießen; ich reiße meinen Fuß los, doch diese Anstrengung katapultiert mich, wie es scheint, durch einen weiten Raum, und ich lande auf einer festen Unterlage aus Armen und Körpern, die mich halten. Und diese haben Stimmen, gewaltige, drängende Gesangsstimmen, deren Melodie mich beruhigt. Mit jedem Muskel reiße ich mich frei, gleite wieder durch den weiten Raum und komme erneut nicht eher ins Gleichgewicht, bis nicht mein Bein wie angewurzelt feststeht. So geht es weiter: das Bein festgeklebt, dann wieder losgerissen, der lange Fall durch den Raum, erneutes Verwurzeln des Beines – für wie lange, wie oft, das weiß ich nicht. Mein Schädel ist eine Trommel; jeder große Schlag rammt dieses Bein wie die Spitze eines Pfahls in die Erde. Der Gesang dröhnt in meinem Ohr, in meinem Kopf. Der Ton wird mich ertränken! ›Warum hören sie nicht auf! Warum hören sie nicht auf!‹ Ich bekomme das Bein nicht los. Ich bin gefangen in dieser Trommel, diesem Brunnen der Töne. Es gibt nichts weiter außer diesem. Es gibt keinen Ausweg. Die weiße Dunkelheit rauscht die Venen meines Beines empor, wie eine Sturmflut steigend, steigend. Eine Kraft, der ich nicht gewachsen bin, die ich nicht aushalten kann, sie wird meine Haut sicherlich zum Bersten bringen! Es ist zu viel, zu hell, zu weiß für mich; das ist Dunkelheit. ›Gnade!‹ schreit es in mir. Ich höre das Echo in den Stimmen, schrill und unheimlich: ›*Erzulie!*‹ Die weiße Dunkelheit überflutet meinen Körper, erreicht meinen Kopf, verschlingt mich. Ich werde hinuntergesaugt und explodiere gleichzeitig nach oben. Das ist alles.«

Das ist ihr Tranceerlebnis: plastisch, künstlerisch, psychologisch. Eine von innen kommende Gefühlslandschaft breitet sich vor uns aus. Maya Deren ist Filmemacherin und Künstlerin – vielleicht deshalb. Welches sind nun die dem Tranceverlauf eigentümlichen Abschnitte? Zunächst ist da die »Verwundbarkeit«, die Auflösung der

Ich-Welt-Grenze, dann Schmerz und Pein, die aber bei zunehmender Wahrnehmungseinengung und Konzentration durch den Rhythmus der Trommeln und die Bewegungen des Körpers wieder verschwinden. Das führt zu einem Zustand der Spontaneität, der Freiheit, der unwillkürlichen, zwanglosen Bewegung – nicht Deren tanzt, sie wird getanzt. Nun springt die Zeit von Bild zu Bild – in Zeitlupe. Die Abschnitte zwischen dem Wahrgenommenen werden größer; doch was passiert in diesem Zwischenraum? Leere, das Nichts, das Nicht-Ich, zeitloser Raum – Angst, Panik vor der Selbstaufgabe überschwemmt sie. Jetzt: Verdoppelung, sich selbst von außen betrachten, Spaltung von Bewußtsein und Körper. Das bedeutet: Jetzt geht alles wie von selbst, kein erkünstelter, bewußter Tanzschritt mehr, weder Anstrengung noch Erschöpfung – der Körper hat das Wort. Die Entpersönlichung setzt sich weiter fort – noch immer aber ist »Ich« da. Wieder Angst, jetzt sogar Terror, das Ich soll loslassen, endlich ganz aufgeben, abdanken. Terror ist Dunkelheit. Freude ist strahlend weiß. Dualität von Angst und Freude? Aber die Ambivalenz löst sich nun auf: der entscheidende Schritt zur Selbstaufgabe, zur Erfahrung der »weißen Dunkelheit« – Weiß ist Erhabenheit und Dunkelheit Schrecken – sie vereinen sich auf dem Höhepunkt zur Trance. In dieser Leere herrscht Erinnerungslosigkeit, hier bewegt sich der Körper am erhabensten, er und das Selbst wollen gänzlich frei sein von Tabus und quälenden Gaukeleien der Ichwelt. Außen und Innen sind nun eins: »Mein Kopf ist eine Trommel.« Die wirkliche, im Menschen schlummernde Kraft, bricht durch: »Gnade, es schreit in mir.« Die Kraft übernimmt die Herrschaft, der Körper als bloßes Instrument. Diese Energieeruption schleudert ihr Ichgefühl hinweg. Sie explodiert innerlich – der Durchbruch zum veränderten Bewußtseinszustand – eine Neugeburt... Später, ihr Erlebnis erinnernd, schreibt sie:

»Ich sehe alles auf einmal ohne die Verzögerung der Abfolge, jedes Detail ist gleich bedeutend und gleich klar, bevor die Unterscheidungskraft mir den Augenausdruck aufdrängt und den Schatten der Nasenlöcher, die ein Gesicht sind. Selbst jetzt, wenn ich schaue, ist es, als wolle ich für immer diese ursprüngliche Welt erinnern, als würden diese Formen bereits zu Bedeutungen und hörten auf, bloße Formen zu sein...«

Kennzeichnend für die Trance ist der Zerfall der Dingwelt. Was sind Dinge anderes als künstlich aus dem ganzen Sein herausgehobene, beschriftete, von uns mit verhältnismäßiger Sinnhaftigkeit belegte Daseinsausschnitte, die nicht wirklich bestehen, sondern nur bedingt für uns. Wort, Handlung, Denken, Empfinden – sie lösen sich auf und setzen sich erneut zusammen, dann aber ohne Trennungslinien. Verlassen wir die Welt relativer Begriffe, steht plötzlich die leuchtende Welt, mit leuchtenden Wesen, leuchtenden Formen vor uns. Warum der unkonditionierte Zustand die Welt als strahlend erscheinen läßt, wie alle Menschen es berichten, die veränderte Bewußtseinszustände in der einen oder anderen Form erlebt haben, weiß ich nicht anzugeben. Zeit und Raum, die Kausalität zerfließen jedenfalls, Abfolge wird ausgelöscht. Alles nimmt Deren auf einmal wahr, zeitunabhängig. Hier gerät sie in die Nähe, aber auch nur die Nähe wirklicher Erleuchtung, Unio mystica. Trance als Vorform der Erleuchtung.
Larry Peters, ein Ethnologe, versuchte, die Trance von seinem nepalesischen Lehrer Bhirendra zu erlernen. Sein Meister und die anderen Schüler hatten sich durch ihr Trommeln bereits in geistige Ekstase versetzt, wilde Zuckungen durchliefen ihre Körper, und im Schneidersitz hüpften sie teilweise über einen halben Meter hoch. Peters berichtet:

»Wir wiederholten die Übung mehrere Male; ich begann bewußt zu zittern und ließ mich dann langsam gehen, bis ich Teil des Taktes wurde. Nach einem Dutzend oder mehr Versuchen verselbständigte sich das Zittern in meinen Beinen. Sie zitterten von selbst, doch war ich mir dieses ›Nicht-Tuns‹ bewußt. Nach einigen Augenblicken begann mein gesamter Körper, sich zu schütteln, und ich hüpfte durch den ganzen Raum. Meine Aufmerksamkeit war auf meine Körperbewegungen gerichtet, meine Augen blieben geschlossen. Aber sobald ich mir der Umgebung bewußt wurde, merkte, daß noch andere Dinge um mich herum geschahen, hörte das Schütteln auf, automatisch zu sein, und verlor sich in Erschöpfung.
Zurückschauend auf das Trommeln in dieser Nacht, schien es, als spielten wir so schnell wie möglich, alle den gleichen Rhythmus – bam-bam-bam, bam-bam-bam – im Dreiertakt, bis der Takt schließlich noch schneller wurde. Das bewußt erzeugte Zittern

schien von dem Augenblick an von selbst aufzutreten, in dem Bhirendra einen lauten Extratakt zwischen den meinen einfügte. Er veränderte den Rhythmus und bewirkte, daß er sich beschleunigte. Ich bin mir sicher, er tat das absichtlich. Er benutzte diese Methode bei all seinen Schülern. Er führt zwei oder drei dieser Trommelmanöver aus, bevor das Trommeln und Schütteln sich verselbständigt. Einmal schüttelte ich mich, bis mich eine flüchtige Angst überkam, ich könnte die Kontrolle verlieren und überwältigt werden, wodurch ich meines zitternden Körpers wieder bewußt wurde. Es war ein unangenehmes Gefühl, nicht wirklich traumatisch, aber dennoch erschütternd. Danach schlug mein Herz heftig, und ich erkannte, wie stark mein Widerstand war, sich dieser Erfahrung hinzugeben. Ich hatte mich nicht vollkommen gehen lassen.

Bhirendra übernahm volle Kontrolle über das Ritual; er bestimmte den Rhythmus, sein Trommeln echote von den Wänden. Ich folgte seinem Rhythmus, während mein Körper hin und her schaukelte. Ich verlor mich in der Musik und begann mich zu schütteln. Bhirendra unterbrach meinen Rhythmus, indem er einen Extraschlag oder zwei in meinem Rhythmus einfügte, und mein Trommeln beschleunigte sich. Er wiederholte das drei- oder viermal, und dann verlor ich die Kontrolle über meine Bewegungen. Mein Herz schlug wild, ich vergaß das Zittern und Trommeln und fühlte, wie sich mein Körper erhob. Eine unglaubliche Energie war vorhanden. Anfänglich schien das Zittern von meinen Genitalien auszugehen. Ich fühlte, wie die Trommel sich in die Luft erhob, begleitet von meiner Energie. Das Gebiet nahe dem Solarplexus begann zu zittern, dann meine Brust und Schultern, schließlich mein Kopf. Als ich mir dieser Bewegungen bewußt wurde, erfüllte mich Furcht. Ich fühlte eine Hitzewelle durch meinen Körper streichen. Dann spaltete sich das Bewußtsein vom Körper ab. Ich beobachtete meinen zitternden und in die Luft springenden Körper, als sei mein Bewußtsein davon getrennt.«

Serge Bramly sprach mit der brasilianischen Macumba-Priesterin Maria-José. Sie gab ihm ausführlich Auskunft über das Verhalten in Trance. Ihre Darstellung ergibt ein abgerundetes Bild des Trancegeschehens. Die Trance-Medien bringen den Göttern ihren Körper dar, damit diese sich darin niederlassen können; sie streifen sich den

Körper über wie ein Reiter das Zaumzeug über das Pferd. Das eigene Bewußtsein des Mediums ist ausgeschaltet und dient dem Gott gewissermaßen als Übermittlungsstation. Zu Beginn einer Trance hat das Medium oft das Gefühl, wieder ein Kind zu werden: es stört die Zeremonie durch Streiche, rempelt die anderen Tänzer oder das Publikum an. Dann muß es zur Ordnung gerufen werden. Das ist sozusagen das Kindheitsstadium der Trance. Nach der Trance bleibt beim Medium ein angenehmes Gefühl zurück – der Kopf war eine Zeitlang leer und konnte sich regenerieren, der Gott hinterließ seine Kraft. Bei anderen Formen der Trance erschöpfen sich die Medien völlig, dann sind sie oft tagelang krank, niedergeschlagen und fühlen sich aller Energien beraubt. Wird bei Heilungen die eigene Energie verwendet, tritt anschließend ein Erschöpfungszustand auf; das Medium gleicht dann einer verbrauchten Batterie. Wenn jedoch ein Geist oder ein Gott durch einen Menschen arbeitet, entsteht kein Energieverlust. Es gibt anscheinend unterschiedliche Möglichkeiten, mit Energien zu arbeiten – mit der eigenen oder einer fremden.

Während der Macumba-Trance rauchen die Medien sehr viel und trinken mehrere Liter Branntwein. Erstaunlicherweise werden sie nicht betrunken, auch würden sie im Normalzustand solche Mengen Alkohol nicht vertragen. Anscheinend ist hier ein Mechanismus im Spiel, der den Alkohol neutralisiert. Ähnlich verhält es sich mit verschiedenen Tranceerscheinungen wie der Zunahme körperlicher Stärke, der Erhöhung der sensorischen Funktionen: Man hört, sieht und riecht alles viel besser, unbewußte Inhalte sind leichter zugänglich, bei Anstrengungen tritt kein Kraftverlust auf, das Denken und Fühlen intensiviert sich, die Lernkapazität ist erhöht. – Für den Macumbaanhänger aber trinken die Götter und nicht die Medien den Alkohol.

Die Aufgabe von Maria-José ist es, die Trance der Medien zu lenken und deren Götter – die oft ihre Kraft überschätzen, wodurch den Medien schnell ein Leid geschehen kann – zu beruhigen. Dazu schreitet sie ein und bricht die Trance ab. Fällt etwa eine uneingeweihte Person in Trance, ordnet sie andere Gesänge oder einen anderen Trommelrhythmus an, um die Person von dem in sie gefahrenen Gott zu befreien.

Der Rhythmus ist entscheidend für die Trancestimulierung. Maria

José sagt: »Unsere Götter reagieren vor allem auf den Rhythmus. Ändert sich dieser, ändert sich auch das Verhalten der Götter. Die Trommeln treten bei den Göttern für uns ein. Sie sind unsere überzeugendste Stimme. Unsere Instrumente sind keine gewöhnlichen, keine weltlichen Trommeln. Wir betrachten sie als Lebewesen. Die Trommeln werden gefüttert, sie verzehren die Opfergaben, und man darf mit ihnen als Frau während der Regel nicht in Kontakt kommen, das nimmt ihnen die Kraft, es verfälscht die Stimme der Trommeln.«

Tritt das Medium aus sich heraus, d. h., reitet der Gott auf ihm, wird es zum »gefügigen Reittier«. Ein neues Medium entsteht. Die Götter suchten es aus. Sie überfallen es während des Schlafs oder in Trance. Gelegentlich greift sich auch ein Medium, in das ein Gott gefahren ist, eine Person aus dem Publikum heraus, trägt sie auf den Schultern um den Zeremonialsaal und bringt ihr einen rituellen Gruß dar, um auszudrücken, daß der Gott sich gern in ihr verkörpern möchte.

Ein Medium erhält, sobald es in sich die Gabe zur Trance spürt, eine regelrechte Ausbildung. Es zieht dann in den Terreiro, das Kulthaus, wo man versucht, die Identität des in sie eindringenden Gottes aufzudecken. Weiß man, um wen es sich handelt, schließen Gott und Medium einen Pakt. Das erinnert an die bei vielen Stämmen praktizierte Hochzeit mit einem Geistehepartner. Bei der Einweihung muß die Novizin durch Blutbäder gestärkt werden, weil sie es noch nicht beherrscht, den Gott richtig in sich aufzunehmen. Sie bleibt die ganze Nacht bewegungslos liegen, bis das Blut getrocknet und der Kontakt zwischen Gott und Medium gefestigt ist. Zuvor muß die Schülerin ganz allein in einem kleinen Raum leben, sie sollte möglichst wenig sprechen im Inneren des Terreiros und keine sexuellen Beziehungen haben. Regelmäßig nimmt sie Gewürzbäder. Das Baden ist wie die »Mutter der Götter«, sagt Maria-José, ein »Mord auf Raten«, die Bäder sind nämlich ihrem in sie fahrenden Gott geweiht, und ihre Person wird durch die Waschungen Stück für Stück ausgelöscht. Wiedergeboren tritt sie daraus hervor, sie ist gereinigt, geheiligt, hat sich der alten Persönlichkeit entledigt und wird nun nach und nach zu »Yao«, einer »Gemahlin ihres Gottes«.

Bald erlebt die Novizin ihre erste Trance. Der Gott und sein »Kind«

vereinigen sich. Gebete an den Gott werden gesungen, und ganz in Weiß gekleidet empfängt die Initiandin ihren Gott-Gemahl allein, in der Mitte des Terreiros. Nun bewegt sie sich im Kreis, und tritt der Gott in sie ein, werden Feuerwerkskörper abgefeuert und es wird applaudiert. Die »Mutter der Götter« führt nun unter den Achselhöhlen der Initiandin eine brennende Kerze entlang, sie will prüfen, ob es sich um eine echte Trance handelt. Ist diese vorgetäuscht, verbrennt sich die Person, ansonsten leckt die Flamme an der Haut, ohne Brandwunden zu hinterlassen. Nun kehrt das Mädchen wieder zurück in den Alltag. Sie hatte während ihrer Ausbildung den Terreiro nicht verlassen. Ihre Familie muß sie zurückkaufen, beziehungsweise die Initiationskosten zurückzahlen – jene Gelder, die für Opfer vom Terreiro während eines großen öffentlichen Festes ausgegeben wurden.
Bramly fragte die »Mutter der Götter«, ob auch ein Ausländer sich initiieren lassen könne: »Ich weiß es nicht«, antwortete sie.

»Es hängt von der Person selbst ab. Aber warum eigentlich nicht. Ich weiß nicht so recht. Die Ausländer haben häufig eine Barriere im Kopf. Vorurteile, die sie blockieren, die sie daran hindern, sich völlig gehen zu lassen, sich völlig zur Verfügung zu stellen, ihren Kopf genügend zu leeren, damit sich der Gott darin einrichten kann...
Im allgemeinen werden die Fremden jedoch zu stark von ihrer Erziehung behindert. Unsere Tänze, unsere Opfer erschrecken sie. Außerdem fürchten sie, sich zu erniedrigen, wenn sie etwas akzeptieren, was sie eigentlich als reinen Aberglauben betrachten. Sie konstatieren das Offensichtliche mit den Augen, verleugnen es jedoch mit dem Kopf. Ihr Körper sagt ja, ihr Verstand jedoch wehrt sich dagegen. Sie verschanzen sich ständig hinter dem Gedanken, daß für solche Dinge in einer zivilisierten Welt kein Platz sei.«

Natürlich steht das veränderte Bewußtsein zum Normalbewußtsein im Widerspruch, eins schließt das andere aus. Daher muß Maria-José sagen:

»Die Macumba erklärt nichts, man kann sie nur an ihrer Wirkung messen. Sie wird nicht mit dem Kopf praktiziert, sondern mit dem Körper. Das, was du fühlst, ist wichtiger als das, was du denkst.

Lernten die Menschen, nur ihrer Intuition zu folgen, wären sie viel glücklicher.«

Und damit kommen wir zum Wesen des veränderten Bewußtseinszustandes, der Macumba, einer Welt, geboren aus einer unbewußten, höheren Weisheit, des Körpers und des Geistes. »Die Macumba ist die Mittelachse, das Zentrum, um das sich das Handeln der Menschen harmonisch ordnet.« Und weiter sagt Maria-José:

»Alles kann der Wahrsagung dienen. Man braucht nur aufmerksam zu sein. Das Universum ist voller Zeichen. Wenn du lernst, die Dinge richtig zu betrachten, wirst du verstehen, was ich damit sagen will. Die Form der Wolken, der Flug des Vogels, die Geräusche der Natur, die unerwarteten Begegnungen: sie alle verkünden eine Botschaft, in der sich der Wille der Götter kundtut. Das Universum ist ein Ganzes, das logisch aufgebaut ist und sich sinnvoll erhält und weiterentwickelt.«

Hier wie überall in Stammesgesellschaften finden wir die Vorstellung eines Universums, in dem jedes über jedes Auskunft geben kann und das ganze Sein im Grunde ein gewaltiges Zeichensystem ist. Die Trance ist der erste Schritt, dieses Zeichensystem zu entschlüsseln. Entschlüsselung heißt aber, die Programme unserer Kultur, unseres Denkens und Fühlens abzuwerfen, sie wie einen alten Handschuh von den Fingern zu ziehen:

»Der Mensch lebt in einem vorgefertigten Universum, nicht wahr? In einem irrealen Universum, das ihm seine Kultur, seine Erziehung aufgezwungen hat. Er läßt sich in dieses Gerüst zwingen und bildet sich ein, daß es sich um seine eigene Gedankenwelt handelt. Er hat es wirklich nötig, regelmäßig auf sein innerstes Wesen zurückverwiesen zu werden.
Im Gegenteil: das Denken tötet das Leben, mein Sohn. Es entzieht den Dingen die Kraft. Frag unsere Anhänger. Sie erklären nicht, was sie tun oder empfinden. Es ist auch nicht nötig, alles zu erklären. Viele Gedanken gehen mir durch den Kopf. Aber ich glaube nur, was ich ausprobiert habe. Unsere Religion wird praktiziert, nicht studiert. Aus diesem Grund verstehe ich dein Buch nicht. Es gleicht

einem Gesang, von dem man nur den Text kennt. Und ich sage dir: die Rhythmen sind das Wesentliche.«

Wird der Trommelrhythmus mit der Gehirnwellenfrequenz synchronisiert, so ist es, wie neue Forschungen zeigen, leichter, einen veränderten Bewußtseinszustand zu erreichen; daher die universelle Bedeutung von Trommel, Rhythmus und Gesang in Stammeskulturen. Hinzu kommt natürlich, wie Larry Peters' Beispiel zeigt, der Mut, sich vollkommen fallen zu lassen. Es ist unsere archaische Angst davor, die uns immer wieder daran hindert. Die Geschichte der Menschheit, so könnte man sagen, ist ein Kampf zwischen diesem Sich-fallen-Lassen und den straffen Zügeln des Wachbewußtseins, das Sicherheit durch Vernunft herstellen möchte. Wollte man sie unter diesem Gesichtspunkt betrachten, müßte die Geschichte neu geschrieben werden.
Eine weithin verwendete Form, sich in Trance zu versetzen, ist das Einatmen von Wacholderrauch, wie es in Hunza, einem kleinen Königreich im Karakorum, noch ausgeübt wird. Trance aber, wird sie, wie in Hunza, zum Höhepunkt geführt, geht über in eine andere Erfahrung, die außerkörperliche Erfahrung. Der Bitan, der Schamane, Ibrahim aus Altit erhielt seine Schamanenkraft bereits mit 15 Jahren auf der Hochweide von Tschikiso Rounantsch. Er verließ mit seinem Geist den Körper und reiste zu den Feen, zur großen Mutter, der Herrin der Natur, unserer inneren Natur. Von ihr erhielt er die Schamanenkraft, er trank sie in Form blauer Milch aus einem blauen Glas. – Wieder die Farbe Blau, sie taucht häufig im Zusammenhang mit dem Krafterwerb und ungewöhnlichen Energien auf:

»Als ich meine ›Bitanschaft‹ erhielt, erfuhr auch der Mir davon: in Altit ist einer Bitan geworden. Unser König gab darauf den Befehl: Laßt den neuen Bitan in Altit tanzen. Ich tanzte, und während vor meinem Auge vorher drei Feen erschienen waren, sah ich an dem Tage, an dem ich in Altit tanzte, sieben Feen. Nach drei Tagen tanzte ich auch in Berischal. Drei Tage später holte man mich an den Hof des Fürsten. Von da an hatte ich überhaupt keine Unterhaltung mehr mit den Leuten... Als Neumond war und die Schutzgeister kamen, konnte ich mich nicht mehr halten. Mein Geist verließ den

Körper und eilte zum Berg. Fünf Tage blieb ich dort mit den Feen zusammen. Sie gaben mir ein blaues Glas mit blauer Milch. Ich trank die Milch. Nach dem fünften Tag war in Baltit ein großes Fest und dann eines in Surias. Ich merkte nichts davon. Dann aber gab mir die große Mutter die Erlaubnis zurückzukehren. Ich kam mit all den Feen. Die eine war Galzali, die andere Sabaramgul. Sie legten mich unter den Walnußbaum an der Quelle von Altit. Als mich meine Verwandten und Freunde sahen, freuten sie sich sehr. Ich war nun zurückgekommen und nicht mehr verloren. Ich ging mit ihnen nach Hause; aber ich konnte nichts essen. Immer noch war ich bei den Feen und meine Sinne bei ihnen.

Es ist nämlich so, daß die gewöhnlichen Leute die Feen nicht sehen können. Wer sieht sie aber? Zunächst der Bitan und nach dem Bitan der Paschu, der Seher. Zwischen den Menschen und den Feen ist ein Schleier. Wenn wir das Fest machen, die Trommel rühren, die Flöte zum Sprechen bringen und wenn von Wacholderzweigen und Gulgul-Flechten Rauch gemacht wird, dann kommen die Feen. Und danach, wenn man uns Wasser auf das Gesicht gießt, dann gehen sie.

Am Tag vor dem Fest ißt der Bitan nichts mehr. Er nimmt nur ungezuckerten Tee. Der Tee ist von der Tilpusching-Blume, die es auf einer Hochweide gibt. Wir atmen den Rausch von Tilpusching, Wacholder und Supandur, gießen Hirse darauf und verehren die Peri. Wir machen Barayo (Rufen und Bitten). Auf dieses Bitten hin beginnen sich die Feen zu sammeln, noch während der Nacht und in einer Entfernung von sieben Tagesreisen. Wir nähern uns dann gemeinsam dem Versammlungshof. Und wenn unser König das Zeichen gibt und sagt: Auf ihr, tanzt jetzt – dann tanzen wir. So ist das, Sahib. Mein Name ist Ibrahim aus Altit.«

Im März 1975 forderte der Tham, der Vater des Kronprinzen Ghazanfar Ali, Ibrahim auf, für ihn zu tanzen und in die Ferne zu schauen. Zur Weissagung der Zukunft des Königs versammelten sich viele Menschen. Musik empfing Ibrahim. Beifallsklatschen. Trommeln. Die Séance des Bitan ist in Hunza ein Volksfest. Er geht zur Trommel und lauscht ihrem Klang. Vier Gehilfen, die ihn während seiner »Abwesenheit«, seiner Himmelsreise, beaufsichtigen sollen, kommen mit einer Bergziege und einer Pfanne voll Kräutern und Wacholderzweigen. Der Bitan trinkt vom Blut der Ziege, den Rauch der Zweige atmet er tief ein. Dann jagen ihn die Trommeln um den Burghof. Nach sieben Runden, d. h. für ihn sieben Schritte, werden seine Bewegungen langsamer. Ibrahim verliert das Bewußtsein. Seine Gehilfen führen den »Heimgekehrten« nun vor den König. Doch bevor er dem König Auskunft geben kann über seine Reise, singt er ein Lied auf schina, einer dardischen Sprache, die er normalerweise nicht beherrscht. Diesmal prophezeit er den Tod des Tham selbst, er werde genau im nächsten Jahr am ersten Tag des dunklen Mondes nach No-Ruz verscheiden. Ein Jahr später, im März 1976, stirbt, wie prophezeit, der Mir von Hunza.

Prinzipiell unterscheidet sich Trance nicht von einer tiefen Hypnose – das sind lediglich sprachliche Unterschiede. Was das Schamanenlied oder die kulturellen Symbole suggerieren, das greift die Psyche auf und setzt es im Trancezustand in Wirklichkeit um. Da alles suggeriert werden kann, sind Schamanen zu allem fähig. Sie laufen über glühende Kohlen, tauchen die Arme in siedendes Wasser, sind gefeit gegen alle Arten von Schmerzen. Übernimmt ein Tiergeist ihr Bewußtsein, so übernehmen sie dessen Bewegungen und Verhalten; ist der Geist eine schwangere Frau, bläht sich ihr Bauch auf; ist es ein allwissender Gott, wird der Schamane ›allwissend‹; ist es ein rasender Gott, wird auch der Schamane rasend; treten Geister aus anderen Stämmen in ihn ein, spricht auch er eine andere Sprache.

Die Möglichkeiten der Suggestion sind unermeßlich, sie betreffen alle Lebensbereiche, alle geistigen Eigenarten, alles Verhalten. Die Trance erhöht unsere angeborenen Kräfte und Fähigkeiten, sie bringt das latent Mögliche hervor. So läßt sich eine verschüttete Erinnerung wieder hervorholen, die Lernkapazität in bezug auf Sprachen und die Kunstfertigkeit des Malers erhöhen, ebenso wie die Schlagkraft des Boxers und die Gewandtheit des Fechters. Nicht nur die latenten Kräfte verwirklichen sich, wir erhalten auch Zutritt zu einem Bewußtseinsfeld jenseits des dreidimensionalen Raumes, einem Hyperraum, zu anderen Wirklichkeiten und parallelen Universen.

Ganz von sich aus verfallen auch Kinder auf die Idee, spielerisch Trancetechniken anzuwenden. Bekannt sind das Drehwurm-Spiel, Hyperventilationsspiele, das Zusammendrücken des Brustkorbes des Freundes, bis er keine Luft mehr bekommt, das rhythmische

Hin- und Herschaukeln von Babys. Kinder halten diese Spiele im allgemeinen geheim. Doch befragt, was sie dabei erleben, antworten sie:
»Es ist, als ob ich fliege.« »Es macht einen schwindlig und man fühlt sich gut.« »Es ist, als wird man verrückt.« »Es ist so, als schwebt man.« »Ich fühle, wie sich Energie um meinen Körper herum bildet.« »Es macht Spaß.« Die Kinder der Eskimo spielen »In-Trancefallen«. Sie hängen sich an ihren Kapuzen auf, bis der Hals ganz abgeschnürt ist, das Blut nicht mehr in den Kopf dringt, eine Bewußtseinstrübung einsetzt und ihr Gesicht blau und purpur anläuft – dann erst nehmen ihre Spielgefährten sie herunter. Sie sagen, dieser Zustand sei sehr angenehm, deshalb spielen sie dieses Spiel immer wieder. In gleicher Weise spielen die Kinder der afrikanischen Kung, der sibirischen Tungusen und der nepalesischen Magar Trancespiele und ahmen den Schamanen, der ja eine zentrale Figur in der Stammesgemeinschaft ist, in all seinen Handlungen nach. Besonders ausgeprägt sind die Trancen bei balinesischen Kindern, die schon früh an den großen Trance-Dramen und öffentlichen Theateraufführungen teilnehmen. Das bestätigt uns, wie sehr der Drang, veränderte Bewußtseinszustände zu erfahren, angeboren ist und wie natürlich das Bestreben, sich ein multidimensionales Bewußtseinsuniversum zu schaffen, in dem der Wachzustand nur eine Rolle unter anderen spielt. Alternative Bewußtseinszustände sind nicht pathologisch zu bewerten. Jeder Mensch verbringt einen großen Teil seines Lebens im Traum und Schlaf. Hinzu kommen tagträumerische Zustände, Ohnmachten, Absencen, Narkose, Orgasmus, Streß, Ekstasen und natürlich starke Gefühlsausbrüche wie Haß, Wut, Eifersucht, Ärger, Liebe, Verliebtsein, Schock, Erschöpfung und natürlich psychopathologische Zustände: Psychosen, Neurosen usw. Hinzu kommen ferner künstlich durch psychedelische und narkotische Drogen hervorgerufene Zustände. Im Grunde ist es unsinnig, davon zu sprechen, der Mensch verweile die meiste Zeit in einem Normalzustand – ganz im Gegenteil. Einen Zustand aus all diesen verschiedenen emotionalen und geistigen Zuständen herauszudestillieren und als normal zu bezeichnen, entbehrt jeder Grundlage und Möglichkeit. Das menschliche Dasein ist nach allen Seiten hin offen für Bewußtseinserfahrungen aller Art. Wir pendeln dauernd auf einem Bewußtseinskontinuum zwischen unterwachen und

überbewußten Zuständen hin und her. Tatsächlich leben wir in einem schillernden Bewußtseinsuniversum: Psyche als Reise durch verschiedene Bewußtseinszonen. Ich glaube, eine Aufgabe des Menschen besteht darin, diese Zustände klar voneinander abgrenzen zu lernen, um so Herr seiner eigenen »Schöpfungen« zu werden, denn wie wir hörten, experimentieren bereits Kinder auf ganz natürliche Weise mit diesen Zuständen, und im Schamanen erkennen wir den Meister des Bewußtseinswandels, den Herrn über das Daseinskontinuum.

Die lappischen Zauberer lassen sich nach einer vereinbarten Zeit von ihren Verwandten aus der Trance herausholen. Es gibt indes viele Geschichten von nicht mehr zurückgekommenen Zauberern: deren Söhne oder Frauen vergaßen es, sie zur vereinbarten Zeit mit dem entsprechenden Spruch zu wecken oder den Spruch richtig wiederzugeben. Einen alten Zauberer vergaß sein Gefährte wachzusingen; als er es später dennoch versuchte, erwachte der Alte kurz und sagte gerade noch: »Aus einem Verstorbenen wird kein Mann mehr, wenn man sich seiner nicht früher erinnert!« Einen anderen Zauberer vergaß man drei Jahre lang, dann erst erinnerte sich der Gefährte der lebensrettenden Worte, nämlich des richtigen Aufenthaltsortes seiner Seele: »in der Windung des Hechtdarmes, im dritten Schlupfwinkel!« Kaum hatte man diese Worte ausgesprochen, zitterten die Beine des Zauberers, und seine Tragik kaum beschönigend rief er: »Ein verfaulter Mann taugt nichts!«

Leider besteht heute die Neigung, veränderte Bewußtseinszustände entweder zu mythisieren oder zu diskreditieren. Beides schadet gleichermaßen. Das ist, ebenso wie die künstliche Trennung von normalem und verändertem Bewußtsein, ein Forschungshindernis, handelt es sich doch lediglich um eine Steigerung aller Wahrnehmungsformen, um eine Abwandlung physiologischer und biochemischer innerer Abläufe. Ein Vorgang, der alles andere als rätselhaft ist – nichts als Körperphysik und Geisteschemie. Ebenso schädlich wie die Ablehnung ist die Vereinnahmung höherer Bewußtseinszustände durch spirituelle Philosophien, Kirchen, Sekten, Gläubige. Veränderte Bewußtseinszustände gehören zur Naturgeschichte des Menschen, sie sind im Rahmen der Sinnestätigkeit zu betrachten und haben mit Religion und Glauben wenig zu tun. Sie sind eine Erscheinung des Körpers, der Biologie, quasi-chemische, quasi-energetische Vorgänge, gleichgültig, ob sie zur Zeit bekannt sind oder nicht. Auf jeden Fall ist ihre Vereinnahmung durch Ideologien und Glaubenssysteme sehr gefährlich, für den Gläubigen und die Klarheit des menschlichen Geistes schlechthin. Das Wort Religion, das Wort Spiritualität sollte in diesem Zusammenhang nicht auftauchen – das wäre ideologischer Mißbrauch von Naturbedingungen – doch läßt sich dies wohl kaum vermeiden. Wollen wir daher veränderte Bewußtseinszustände, Bewußtsein allgemein untersuchen, dann müssen wir zunächst alle Dogmen, Überlieferungen und Ethiken, die sich im Laufe der Zeit damit verbunden haben, beiseite schieben. Die geistige Erfahrung, so verehrt, gepflegt und gefördert, ist doch weiter nichts als ein Stoffwechselvorgang, als elektrische Reizung auf organischer und molekularer oder zellulärer Ebene. Selbst die außerkörperliche Erfahrung, die körperunabhängige Geistsubstanz, ist Biophysik, wenn auch auf höherem Niveau. Die Geschichte des Geistes und die Geschichte der Natur fallen zusammen.

So weiß man inzwischen: Endorphine, gehirneigene Morphine, sind verantwortlich für Bewußtseinsveränderungen: sie unterdrükken Schmerzen und bewirken Euphorie. Der Zusammenhang von religiöser Erfahrung und körpereigenen psychoaktiven Substanzen ist weitgehend erwiesen. In Streß- und Kampfsituationen erhöht sich der Endorphinspiegel: : psychischem Chaos wird dadurch psychische Euphorie übergeordnet, und es kommt zur Beruhigung. Starker Streß, Angst, Panik, übermäßige Anstrengung und körperliche Verausgabung regen die Endorphinproduktion an und lösen einen Euphoriezustand aus. Erinnern wir uns der Trance Maya Derens: Auf dem Höhepunkt körperlicher Anstrengung, den sie als Terrorzustand beschreibt, kommt plötzlich der Umschwung: Euphorie. Alles geht nun wie von selbst: Zeitlupeneffekt, Depersonalisation, Trance. Doch Terrorzustand und Euphorie gehen zusammen, eins löst das andere nicht ab, beide bleiben bestehen als »weiße Dunkelheit«. Anstrengung bis an die Grenzen der Leistungsfähigkeit führt zum Trancezustand; körperliche Erschöpfungszustände und extreme psychische Konzentration sind der Vorhof der Glückseligkeit, Pforten zu geistigen und physischen Großtaten. Hierzu Aldous Huxley:

»Aber auf die eine oder andere Weise sind *alle* unsere inneren Erlebnisse chemisch bedingt, und wenn wir uns einbilden, daß einige von ihnen rein ›spirituell‹, rein ›intellektuell‹, rein ›ästhetisch‹ seien, dann nur, weil wir uns nie bemüht haben, das innere chemische Milieu zu erforschen.«

Huxley weist darauf hin, daß im Mittelalter, als der Winter unfreiwilliges Fasten bedeutete, verstärkt noch durch den Vitaminmangel der Fastenzeit, der 40 verordneten Fastentage vor Ostern, die Körperchemie Ekstasen und Visionen zur Alltäglichkeit werden ließ. Auch die Geißel aus geknoteten Lederriemen setzte viel Histamin und Adrenalin frei, und durch eiternde Wunden drangen giftige Stoffe in die Blutbahn – all das erweiterte das »Reduktionsventil« Gehirn, und fremde, eigenartige Erscheinungen traten auf.
Überanstrengung durch unbequeme Stellungen, Vitaminmangel, Verringerung des Blutzuckers, verkürzte Schlafzeiten, Atemübungen und Gesang, die den Kohlensäureanteil in Lungen und Blutkreislauf vergrößern, erweitern das »zerebrale Reduktionsventil«:

»Damit ein biologisches Überleben möglich ist, muß der Geist als Ganzes durch das Reduktionsventil des Gehirns und Nervensystems hindurchfließen. Was am anderen Ende hervorkommt, ist ein solch spärliches Rinnsal von Bewußtsein, daß es uns gerade hilft, auf der Oberfläche unseres Planeten am Leben zu bleiben.«

Wir haben gesehen, wie bedeutsam besonders das Trommeln für die Trancebildung ist. Aldous Huxley schreibt darüber:

»Kein Mensch, gleichgültig wie hoch zivilisiert, vermag lange afrikanischem Trommeln oder indianischem Singen oder walisischen Hymnen zuzuhören und dabei seine kritische und selbstbewußte Persönlichkeit aufrechtzuerhalten. Es wäre interessant, eine höchst erlauchte Gruppe von Philosophen von den besten Universitäten zu nehmen und sie einzuschließen in einen heißen Raum zusammen mit marokkanischen Derwischen oder haitianischen Voodooanhängern und mit einer Stoppuhr ihren psychologischen Widerstand auf die Wirkung des Rhythmus hin zu messen. Würde der logische

Positivist länger aushalten als der subjektive Idealist? Würde der Marxist stärker als der Thomist oder der Vedantist sein? Welch faszinierendes, welch fruchtbares Feld für Experimente! Inzwischen ist alles, was wir mit Sicherheit vorhersagen können: Hörten sie nur lange genug dem tam-tam oder dem Singen zu, machte jeder unserer Philosophen bald Luftsprünge und heulte mit den Wilden.«

Rhythmische Reizung, nicht nur durch Töne, auch durch andere Faktoren, beeinflußt das Bewußtsein. Wir atmen in einem bestimmten Rhythmus, unser Herz schlägt rhythmisch, unsere Gehirnwellen pulsieren rhythmisch, wir laufen und sprechen in einem bestimmten Rhythmus, usw. Das ganze Leben über sind wir psychischen, körperlichen, biologischen und kosmischen Rhythmen ausgesetzt, die unser Dasein wesentlich bestimmen. Rhythmus und Bewußtsein sind eng miteinander verbunden. Die Veränderung der körpereigenen Rhythmen bewirkt eine Umstellung des Bewußtseins. Rhythmenforschung und Tonforschung werden uns eines Tages ein ganz neues Bild des menschlichen Bewußtseins enthüllen. Der Mensch ist im wesentlichen Klang, Schwingung, Melodie, und vielleicht läßt sich einmal eine Skala seiner Bewußtseinsfrequenzen erstellen – das wäre der erste Schritt zu einer grundlegenden Darstellung des Bewußtseins. Hinzu kommt, daß es durch holophonische Töne zu synästhetischen Erfahrungen kommt, das heißt: Musik wird nicht nur zu hören, sondern auch gleichzeitig körperlich zu fühlen, zu sehen, zu riechen sein.
Wie die dargestellten Erfahrungen zeigen, läßt sich der Trancezustand sinnvoll und schöpferisch auf viele Probleme des Alltags anwenden, ja, würden wir Tranceverfahren in großem Maßstab therapeutisch, pädagogisch und psychologisch einsetzen, gingen wir einer Auferstehung der latenten Bewußtseinskräfte entgegen, einer Renaissance der Wissenschaft, denn Trance, d. h. umfassende Wahrnehmungsformen treiben die Forschung, die Erkenntnis, das Lösen von Problemen sprungartig voran. Der Trancezustand ist im eigentlichen Sinne die wirkliche Wahrnehmung des Menschen, nur verschüttet durch eine maßlose Verballhornungsstrategie.
William James sagt das auf seine Weise:

»Nur wenige Menschen benutzen das Maximum der ihnen zur Verfügung stehenden Energie. Wie können wir uns trainieren, die äußerste Grenze unserer Energie zu erreichen? Wir benutzen nur einen kleinen Teil unserer höchsten Kräfte und Fähigkeiten. Verglichen mit dem, was wir sein sollten, sind wir nur halb wach. Der normale Mensch ist ein Hysteriker, dessen Wahrnehmungsfeld stark eingeengt ist.«

Trancezustände erreicht man besonders durch extreme körperliche und psychische Leistungen: Singen, Tanzen, alle Tätigkeiten, die zu Ermüdung, Erschöpfung führen. Ich möchte dazu ein Beispiel aus unserem Kulturkreis heranziehen: sportliche Spitzenleistungen. In ihrem Buch »Psi im Sport« haben Rhea A. White und Michael Murphy eine umfassende Dokumentation psychischer Zustände von Hochleistungssportlern zusammengestellt. Die dabei auftretenden psychologischen Bewußtseinsveränderungen – sie gleichen Tranceerfahrungen in Stammeskulturen in vieler Hinsicht – seien hier im Überblick gewürdigt.

Ein Gefühl höchsten Wohlbehagens tritt auf; Gipfelerfahrungen und das Gefühl des Friedens, der Gelassenheit und Stille überkommen den Spieler mitten im Wettkampf; Losgelöstheit und Freiheit, das Gefühl zu schweben, zu fliegen, die Empfindung der Schwerelosigkeit, der Ekstase und Kraft, der vollkommenen Kontrolle über sich selbst; das Gefühl, ganz im Hier und Jetzt zu verweilen; vollkommene Hingabe; Verschmelzen mit dem Spiel, und dabei das Empfinden großer Ehrfurcht vor dem Geheimnis des Lebens; das Gefühl der Einheit mit allem Sein. Während des Spiels und Kampfes verändert sich oft die Wahrnehmung der Größe des Spielfeldes oder der Spieler, die Zeit läuft langsamer, wodurch man besser beobachten kann, z. B. den ankommenden Ball, den feindlichen Hieb beim Boxen; plötzlich mag vor dem inneren Auge das ganze eigene Leben filmartig ablaufen – Lebensrückschau; Anhalten der Zeit, Auftreten aller Formen außersinnlicher Wahrnehmung, außerkörperliche Erfahrungen und das Gefühl, sich plötzlich ganz in andere Spieler hineinversetzt zu haben. Durch diese veränderten Bewußtseinszustände kommt es zu Spitzenleistungen, zu außergewöhnlichen Kraftakten, Geschwindigkeiten, Gleichgewichtsdemonstrationen und zu etwas, das alle Zuschauer beobachten können: zum Ausdruck der Mühelosigkeit der Leistung. Des weiteren treten auf: Schmerzlosigkeit, z. B. bei Ringern, Boxern, Fußballspielern, wenn sie mit gebrochenen Händen oder Rippen weiterspielen und durch die Konzentration den Schmerz nicht spüren; subjektive Veränderungen der Körper-Imago; das Gefühl, über seinem Körper zu schweben; das Gefühl, feste Objekte durchdringen zu können; Zugang zu den inneren Welten der Musik, des Rhythmus; Synästhesien – Töne werden als Farben gesehen und umgekehrt; Wahrnehmung innerer Körperstrukturen auf Zellniveau; das Gefühl, seinen Körper unbegrenzt ausweiten und dadurch den Gegenspieler, den Ball oder den Speer beeinflussen zu können; Manipulation anderer Spieler, psychokinetisch oder suggestiv durch Anfeuern und Begeistern oder negativ durch psychisches Kaltstellen, die Kraft des bösen oder verfluchenden Blicks, durch Verzauberung, Massenhypnose oder Flüche, die über die feindliche Zuschauermenge ausgesprochen werden, um den Bann zu brechen. Enorme Leistungen beim Ausweichen von Gegnern; Gefühl der Läufer, zu schweben oder auf den Zehenspitzen zu rennen; Gefühl, sich in einer heiligen Zeit in einem heiligen Raum zu bewegen; enorme ununterbrochene Aufmerksamkeit und starke Konzentration bis zum völligen Vergessen der Umwelt; die Suche nach Vollkommenheit, Schönheit, Göttlichkeit in der Bewegung und Leistung.

All diese transpersonalen Zustände entstehen durch Einengung der Wahrnehmung, wozu Spiel und sportliche Betätigung natürlich besonders anregen. Eine allerdings noch stärkere Form der Konzentration aller psychischen Energien zeigt unser nächstes Beispiel. Wir wenden uns nun veränderten Bewußtseinszuständen mit fast tödlichem Ausgang zu, wie bei Bergabstürzen oder bei Todessprüngen.

Dem Tod geht eine Serie von veränderten Wahrnehmungszuständen voraus, die wir als Ego-Tod-Motive auffassen dürfen. Der Ego-Tod, das ist das Abstreifen aller erlernten Begrenzungen, der eingeengten Denkvorgänge und jener Physiologie, die ein gleichbleibendes Maß an nervöser Erregung aufrechtzuerhalten versucht. Für Charles Garfield ist Ego-Tod gleichbedeutend mit Bewußtseinserweiterung, erhöhter Sensitivität aller Sinnesmodalitäten, Auflösung der Ich-Welt-Grenzen, Zusammenbruch unseres kortikal gefilterten Beurteilungssystems, erhöhter emotionaler Reizaufnahme und

Verringerung der Reizschwelle zwischen bewußten und unbewußten Vorgängen. Der Ego-Tod ist eine Zerstörung der Sinnesorganisation, eine Verschiebung der Aufmerksamkeit und Wachheit zu tieferen Ebenen der Psyche. Der Begriff Ego-Tod wirkt an sich verfälschend, das Ego stirbt nicht und löst sich auch nicht auf, sondern es verbindet sich mit der übrigen Welt, stellt Beziehungen zur Umgebung her und überschreitet die Grenzen seines abgekapselten Daseins.

Personen, die eine solche Bewußtseinsveränderung erlebt haben, zeigen weniger Furcht vor der Auflösung der affektiven, geistigen und motivationalen Kontrolle, vor Doppeldeutigkeiten, Paradoxien und paralogischen Vorgängen, dem Unbekannten und dem Tod.

Bei Bergabstürzen erfahren wir eine eigenartige Sequenz von Wahrnehmungsveränderungen. Während der Mensch bei kleinen, unbedeutenden Gefahrensituationen durch Schreck und Angst gelähmt und handlungsunfähig ist, entsteht bei wirklich schwerwiegenden, möglicherweise mit Tod endenden Unfällen kein Schock. Zwar kämpft der Betreffende anfänglich, von großer Angst erfüllt, unbändig ums Überleben, doch angesichts der aussichtslosen Situation wird dieses Verhalten bald aufgegeben und weicht einer tiefgreifenden Resignation.

Selbstaufgabe, Resignation und die Bereitschaft zu sterben scheinen die treibenden Kräfte für die Auslösung aller nachfolgenden Handlungsmuster zu sein. In Anbetracht der Todesgefahr – der Körper befindet sich im freien Fall –, des Versagens aller menschenmöglichen Mittel ergibt sich das Bewußtsein dem Schicksal – die Angst vor der Egoauflösung verschwindet, die Identifikation mit der eigenen Geschichte und Existenz zerbricht... Befreit von den wirren Ängsten des Ego kann nun ein sachlicher, emotionsloser Standpunkt eingenommen werden. Der Mensch ist jetzt im Besitz eines klaren Bewußtseins, die Gedankentätigkeit steigert sich wie ein mit Hochgeschwindigkeit ablaufender Filmstreifen, gleichzeitig vervielfacht sich die Präzision des Denkens, Ausgang und Ablauf des Unfalls werden computerartig blitzschnell vorausberechnet, die eigenen Überlebenschancen realistisch kalkuliert, mögliche Reaktionen zur Verhütung durchgespielt, und bei alledem vermag die Person auch noch spontan richtig zu handeln. Statt von Verwirrung ist das Denken von Klarheit, Objektivität und einer außerordentlichen inneren Ruhe und Ernsthaftigkeit erfüllt. Da keine unangemessenen und verkrampften Überlebensversuche unternommen werden, bleibt der Körper ganz entspannt. Ruhe, Gelassenheit und das Gefühl des Friedens setzen sich durch, die Person fügt sich in ihr Schicksal und stemmt sich nicht mehr gegen die unvermeidlichen Folgen des freien Falls. Nach Kenneth Ring verspüren 60 % der Menschen während des Falls ein Gefühl des Friedens, doch können sie ihre Erfahrung anschließend nicht in Worte fassen, zu tief hat dieses wunderbare Erlebnis sie berührt.

In der Gefahrensituation reagiert die Person rasch und entschlußkräftig und – vor allem – unwillkürlich richtig. Das unintellektuelle, spontane Verhalten läßt sich einerseits aus der Erhöhung der Wahrnehmungs- und Denkfähigkeit erklären, wodurch viele Signale in kurzer Zeit verarbeitet werden und zu genauen und unmittelbaren Handlungen führen. Andererseits mag so etwas Unfaßbares wie »Körperweisheit« mitspielen, d. h. ein überoptimales Funktionieren der Sensorik und Motorik, was uns als selbsttätiges, ungeplantes Handeln beeindruckt.

Einige Personen haben das Gefühl, von äußeren Kräften beeinflußt zu werden. Das ist eine unverkennbare Trance-Erscheinung. Die Person schaut sich selbst zu und ist erstaunt über den eigenständigen Ablauf ihres Verhaltens. Ohne bewußtes Zutun, unwillkürlich, wie durch äußere Kraft geleitet, vollzieht sich das persönliche Handeln. Dieses Gefühl ist bezeichnend für alle »passiven« Zustände wie Trance, Gipfelerfahrung und Erleuchtung, in ihnen wird die verstandesmäßige, bewußte Überwachung des höheren Ich, des Selbst oder Überbewußtseins durch das Ich aufgegeben. Wir hegen allgemein den unsinnigen Glauben, der Körper arbeite nicht ohne unser wachendes »Tagesbewußtsein«. Tatsächlich arbeitet unsere Psyche mit dem »Nachtbewußtsein«, im Schlaf, im Traum, in der Trance besser, ungehemmter, wirkungsvoller.

Die Wahrnehmung der Raumdimension verändert sich während des Sturzes gleichfalls. Größe und Entfernung von Gegenständen lassen sich nicht mehr angemessen einschätzen. Gleiches trifft auf das Zeitempfinden zu. Ein Zeitlupeneffekt entsteht. Der subjektive Augenblick dehnt sich aus, wodurch es überhaupt erst möglich ist, den Ablauf und die Geschehnisse während des Falls in aller Genauigkeit und Ruhe zu beobachten. Die Zeitverlangsamung ist meines Erachtens ein ganz wesentliches Gefühl bei alternativen Bewußtseinszuständen, Trance und parapsychischen Erfahrungen. Existentielle, in Todesnähe oder in der Nähe des Ich-Zusammenbruchs sich abspielende Erlebnisse führen zu einem Umschwung vom Normal- zum Trance-Bewußtsein. Offenbar besteht ein Zusammenhang zwischen dem Grad der Gefahrensituation und der Eindringlichkeit des veränderten Bewußtseinszustandes und damit aller Trancemerkmale, wie Zeitverlangsamung, Klarheit, Schönheit und Geschwindigkeit der Nachrichtenverarbeitung. Auch besteht eine Ähnlichkeit zwischen der Erhöhung der Wahrnehmung, verursacht durch den Zeitlupeneffekt, und dem sogenannten Lebensrückblick während des Falles. So haben betroffene Personen berichtet, daß sie innerhalb von Augenblicken ihr gesamtes Leben vor sich abrollen sahen. Wie kann das sein? Ich glaube, Lebensrückblick und die Verstärkung der Wahrnehmungsfähigkeit sind unter anderem bedingt durch die Verlangsamung der persönlichen Zeit. Verstreicht für uns die Zeit langsamer, haben wir mehr Muße, den vorbeirauschenden Bilderstrom zu begutachten. Manche Leute sagen, der Lebensrückblick erfolge innerhalb eines Augenzwinkerns. Das geht aber nur, wenn die persönliche Zeitwahrnehmung verlangsamt ist. Die Zeit spielt also eine hervorragende Rolle im Tranceprozeß. Und natürlich entsteht auch die Fähigkeit zur Einschätzung der Situation während des Falles und die Einplanung möglicher Abfangmaßnahmen erst durch die Zeitverlangsamung. Diese wiederum tritt nur durch die hohe Ausrichtung und Einengung der Aufmerksamkeit auf das Geschehen und durch das Ausblenden aller unwesentlichen Reize auf. Werden unnötige Gedanken und Gefühle aussortiert, erhalten wir, metaphorisch gesprochen, mehr Raum im Gehirn, um das Jetzt, den Augenblick hereinzulassen – die Gegenwart erfahren wir dadurch stärker, lebendiger, farbiger; subjektiv haben wir mehr Zeit, uns mit jedem einzelnen Wahrnehmungsobjekt zu beschäftigen. Je weniger Reize uns bewußt sind, desto mehr Aufmerksamkeit können wir auf sie verwenden, wodurch sie uns klarer werden. Das gipfelt in der von Albert Heim beschriebenen Vision übernatürlicher Schönheit – wohlgemerkt: beim Sturz, kurz vor dem Tod! Das gleiche Prinzip begegnet uns bei der Jenseitserfahrung: überirdische Schönheit des Wahrgenommenen, Lebensrückblick, Zeitlupen-

tempo, usw. Viele Schamanen, die das erste Mal ins Jenseits reisen, glauben dort nur kurze Zeit verbracht zu haben. Tatsächlich müssen sie dann hören, tagelang fort gewesen zu sein. Die Zeitdichte ist im veränderten Bewußtseinszustand oft größer. Die Jenseitsreise, die Trance, der Bergabsturz spielen sich, so dürfen wir sagen, in einer anderen Zeit ab. Diese Behauptung läßt sich sehr einfach nachprüfen. Alle Meditationsforschungen haben gezeigt, wie die Eingrenzung der Wachheit und Aufmerksamkeit auf einen Punkt, auf ein Objekt, dessen Farbe, Gestalt und Bedeutung zu erhabener Schönheit verdichtet. Je wirrer dagegen die Wahrnehmung, je mehr Gegenstände ins Blickfeld rücken, desto flacher und verschwommener der Eindruck. Es ist doch ganz natürlich, daß eine Unfallsituation plötzlich zu äußerster Einengung der Aufmerksamkeit führt. Alle schamanischen Bewußtseinsverfahren richten sich daher auf die Wahrnehmungseinengung, das punktuelle Bewußt-Sein.
Doch damit ist die Psychologie des Falls nicht abgeschlossen. Es kommt schließlich zu einer Spaltung von Bewußtsein und Körper. So schreibt der bekannte Bergsteiger Reinhold Messner in seinem Buch »Grenzbereich Todeszone«, er habe selbst dreimal bei einem Bergunfall ein außerkörperliches Erlebnis gehabt. Im Augenblick der Erkenntnis der Aussichtslosigkeit einer Gegenwehr tritt die Ich-Spaltung ein.

»Das sogenannte Körpergefühl ist fast vollständig erloschen, wir stehen außerhalb unseres Körpers, fühlen uns wesenlos, frei aller Erdenbande. Es ist müßig, darüber zu streiten, ob dieser Zustand in der Wirklichkeit möglich ist oder ob wir es nur mit einer phantastischen Auswirkung der Derealisation zu tun haben. Genug, wir stellen diese Tatsache fest, daß in größter Todesgefahr dieses Erlebnis der Trennung von Körper und Seele auftreten kann.«

Ein Gefühl der Unwirklichkeit leitet den Unfall ein und manifestiert sich in, wie Noyes es nennt, einer Depersonalisation, einer Trennung von teilnehmender und beobachtender Person. Nach Kenneth Rings Typologie der Todeserfahrung weisen 38 % der betroffenen Personen ein Entfremdungserlebnis vom Körper auf. Dieser Abstand zum eigenen Erleben und zum äußeren Geschehen nimmt offenbar während des Falls zu und erreicht seinen Höhepunkt in einer außerkörperlichen Erfahrung. Durch die Abtrennung des Bewußtseins vom Körper wird der Emotion die Grundlage entzogen. Gefühl und Denken, die sich nun außerhalb des Körpers befinden, brauchen sich logischerweise nicht mit dem in Gefahr schwebenden Körper gleichzusetzen – die Situation kann nun kühl und nüchtern eingeschätzt werden. Viele Personen berichten daher, wie sie ruhig neben ihrem fallenden Körper schwebten und, als dieser unten aufschlug, wenig Mitgefühl für die augenblickliche Lage aufbrachten. Später können sie dann sehr genau die Rettungsaktion, die eintreffenden Helfer usw., beschreiben – eben weil sie »daneben« standen. Viele Fallende verlassen ihren Körper aber auch erst im Augenblick des Aufschlagens.

Trance oder tiefe Hypnose sind heilsam, sie befreien uns von der Maschinerie des Denkens, sie reinigen das Bewußtsein vom zwanghaften, unaufhörlichen inneren Zwiegespräch, vom ruhelosen dauernden Einschätzen und Werten. Interessanterweise fühlen sich, wie viele Forscher bemerkten und wie Shirokogoroff speziell von sibirischen Schamanen berichtet, Schamanen, die längere Zeit keine Séance durchgeführt haben, »schwer in Herz und Kopf«, was sie nur durch den Trancezustand beseitigen können; anschließend fühlen sie sich leicht und angenehm. Trance heißt Heilung durch innere Erholung vom unendlichen Strom der Außenreize, vom komplexen Denken, vom differenzierten Fühlen. Doch schaltet die Trance nicht wirklich alle Reize aus, im Gegenteil, sie erhöht die Wahrnehmung und bringt die Farbigkeit und Lebendigkeit, das Wunder des Daseins, erst richtig hervor – dies aber erst nach einer Phase der Bewußtseinseinengung, und das ist es, was wir als Trance im engsten Sinne definieren können.

Dietrich Langen

Meditation als Psychotherapie

Psychotherapie soll ganz allgemein verstanden werden als seelische Behandlung oder Behandlung mit seelischen Mitteln. Sie soll also bewußt nicht eingeengt werden auf eine bestimmte Form oder Methode. Dies ist hervorzuheben, da der Begriff Psychotherapie nicht selten in einem etwas eingeengten Sinn unter Bevorzugung analysierender Verfahren verstanden wird.
In unserem Fall ist mit Psychotherapie also allgemein die Hilfe bei unterschiedlichsten psychisch bedingten Konflikten und Problemen gemeint. Das gilt, wenn eine seelische Störung durch einen Ehekonflikt ausgelöst wurde ebenso, wie wenn eine Phobie (d. h. eine objekt- oder situationsgebundene Angst) den Grund für die Behandlung darstellt. In jedem Fall ist zunächst eine gesprächsweise Klärung der Konfliktkonstellation nötig. Damit ist es aber nicht getan. In den meisten Fällen muß nun zusätzlich eine innere »Neuorientierung« erfolgen. Speziell hier kann nach den bisherigen Erfahrungen der Meditation als Psychotherapie ein wichtiger Stellenwert zukommen.
Bekanntlich kann aber auch ein symptomfreier, also seelisch gesunder Mensch immer wieder vor schwer lösbare intellektuelle oder seelische Konflikte gestellt werden. Dann kann auch für ihn die Anwendung der Meditation als »Psychotherapie« sinnvoll sein – wobei es hier noch weniger um Therapie im eigentlichen Sinne des Wortes geht. Der Vorgang selbst läßt sich aber zwanglos mit Therapie in des Wortes eigentlicher Bedeutung gleichsetzen.
Meditation soll hier weniger in einem religionspsychologischen oder philosophischen Zusammenhang verstanden werden, sondern mehr in einer Form, wie sie *Kugler* in etwas ähnlicher Formulierung definiert hat, nämlich als erlerntes Einengen des Bewußtseins auf

einen selbstgewählten Gedanken, das mit seelisch-körperlichen Symptomen einer Selbstversenkung verbunden ist. Dieser Doppelaspekt der Meditation soll besonders deutlich gemacht werden: auf der einen Seite das rein psychologische Phänomen der Einengung des Bewußtseins, das häufig mit einer Veränderung der Bewußtseinslage verbunden ist, und auf der anderen Seite die körperlichen Phänomene einer überwiegend vegetativen Gesamtumschaltung in Richtung eines bestimmten psychovegetativen Zustandes, der in der Medizin als »trophotrope psychovegetative Regulationslage« bezeichnet wird. Diese Regulationslage ist charakterisiert durch Veränderungen der Atmung, des Blutdrucks, des Herzschlags, der Magen-Darm-Funktion, der Durchblutung insbesondere in den körperfernen Partien, der Stoffwechselvorgänge und schließlich der Wach-Schlaf-Steuerung. Gemeinsames Kennzeichen dieser trophotropen psychovegetativen Umschaltung sind die Betonung der rekreativen, d. h. der erholenden Körperfunktionen. Man wird einer Meditation speziell aus medizinischer oder medizin-psychologischer Sicht nur gerecht, wenn man diese beiden Gesichtspunkte, nämlich den der psychologischen Faktoren und den der körperlichen Faktoren, gleichermaßen und gleichwertig sieht.

All das wird hier so betont, weil in der Regel meditatives Geschehen viel zu stark ausschließlich vom psychologischen Aspekt her gesehen wird; die meisten neueren Veröffentlichungen sind ein Beispiel für diese Einseitigkeit.

Abgesehen von der notwendigen Gleichwertigkeit der seelischen und körperlichen Aspekte bei der Beurteilung meditativer Prozesse scheint mir ein weiterer oft vernachlässigter Gesichtspunkt wichtig: die Tatsache, daß es sich hier um einen *Lernvorgang* handelt, weshalb ich in der Definition der Meditation auch den Begriff des »erlernten Einengens« verwendet habe. Üben ist ein kardinales Phänomen jedes meditativen Geschehens.

Vorab zu klären ist schließlich noch die Frage, ob Meditation als Psychotherapie eine Möglichkeit ist, die erst in jüngster Zeit bekannt wurde. Die Frage muß verneint werden, da meditative Praktiken (auch wenn sie nicht gezielt als Psychotherapie verwandt wurden) offenbar uralt sind. Seit es den Homo sapiens auf dieser Erde gibt, haben wir Kenntnis von Verfahren, die mit Fug und Recht als Selbstversenkungsmethoden bezeichnet werden. Dabei verstehe ich die seelisch-körperlichen Veränderungen einer Selbstversenkung als Teilkomponente der Meditation, wie dies auch Kugler in seinem Beitrag getan hat.

Historische Aspekte

Es kann als erwiesen gelten, daß sich die Vorläufer archaischer Ekstasetechniken, die in diesen Zusammenhang gehören, bis in die Jungsteinzeit (40000 bis 10000 v. Chr.) zurückverfolgen lassen, in jene Zeit also, in der in Mitteleuropa eine neue Menschenrasse, der homo sapiens diluvialis, auftauchte. Schon damals fand man sich in Höhlen zu magischem Jagd- und Fruchtbarkeitszauber zusammen. Außer dem Prähistoriker *Rust* haben sich *Findeisen* und *Eliade* mit dem Problem beschäftigt. *Eliade*, der sich sehr gründlich mit dem »Schamanismus« befaßt hat – dies dürfte für diese frühen Kulturen die bezeichnendste Form magisch-meditativer Vorgänge sein –, sieht in ihm vor allem eine archaische Technik der Ekstase, im weiteren Sinne aber auch Mystik, Magie, Religion und Psychotherapie.

Das Interessante scheint mir dabei zu sein, daß sich diese Phänomene, die hier vor etwa 40000 Jahren auftraten, in nur leicht abgewandelter Form bis heute in sogenannten primitiven Kulturen nachweisen lassen. Auch wenn es sich dabei nicht rein um das handelt, was wir Meditation nennen, wird man diese Form der archaischen Ekstase als für solche »ethnischen Kulturen« typische meditative Technik bezeichnen können. Ich betone das, weil diese Vorläufer aller meditativen Verfahren in den anderen Beiträgen dieses Bandes nicht eigens erwähnt werden. Immerhin ist auch der Yoga aus archaischen Ekstasetechniken hervorgegangen; erst später fand man sich dann zu Gruppen zusammen, die eine eigene Atemtechnik entwickelten und, im Gegensatz zu den bisherigen Verfahren, das in den veränderten Bewußtseinszuständen Erlebte systematisierten und dann auch schriftlich fixierten. Veda und Atharveda sind Zeugnisse dieser Entwicklung.

Da die wichtigsten asiatischen Meditationsformen in diesem Buch ausführlich behandelt werden, brauche ich mich hier nicht weiter damit zu beschäftigen. Lediglich zum Zen möchte ich einige kurze

Anmerkungen machen, die zum besseren Verständnis meines speziellen Themas beitragen sollen. Es geht mir um zwei Verfahren, die im Zen ausgeprägt wurden und sonst in keiner Meditationsform bekannt sind: das Mondo und das Koan. Beim *Mondo* stellt der Schüler eine Frage (Mon) und der Lehrer gibt die Antwort (To oder Do) und umgekehrt. Bei diesem Mondo sollen die Schüler zu schnellen Antworten erzogen werden, die weniger aus dem rein Rationalen kommen, sondern mehr den Charakter spontaner Einfälle haben. So kommt es oft zu eigenartigen Dialogen, mit dem Ziel, den Lernenden auf die Koans und damit auf die Erleuchtung vorzubereiten.

Meditation als »Problemlösung«

Beim Koan (ins Deutsche wohl am besten zu übersetzen mit »Zen-Problem«) handelt es sich um eine ganz spezifische Schöpfung des Zen. Im Beitrag von *Hugo Enomiya-Lassalle* ist darüber alles Nötige zu erfahren. Ich selbst möchte hier lediglich einige weiterführende Gesichtspunkte hinzufügen, die ein Licht auf bestimmte im Zusammenhang mit dem Koan sichtbar werdende psychopathologische Phänomene werfen. Das Prinzip dieser Koans ist, wie immer sie auch lauten mögen, daß es für das jeweilige »Zen-Problem« keine rationale Antwort gibt, sondern daß der meditative Zustand – was immer dies zunächst sein mag – eine entscheidende Voraussetzung für die Lösung darstellt. Nach der Aufgabenstellung bekommt der Zen-Schüler von seinem Meister denn auch den Auftrag, in die Zen-Halle zu gehen und zu meditieren, d. h., er kommt in den für die Zen-Meditation typischen unterwachen Bewußtseinszustand. Aus diesem wird er – ich interpretiere jetzt westlich-wissenschaftlich – durch leichte Schläge mit einem flachen Stab immer wieder soweit herausgeholt, daß er in der Lage ist, sich trotz des unterwachen Zustands auf sein »Zen-Problem« einzustellen.
Herrigel, der als deutscher Philosoph sehr lange in Japan gelebt und Zen praktiziert hat, beschreibt die eigenartige psychische Verfassung der Zen-Meditierenden in seinen Büchern so eindrucksvoll, daß ich eine typische Passage zitieren möchte. Es geht um die Situation des Schülers, der ein Koan erhalten hat und damit nicht zu Rande kommt:

»Wenn er der Lösung so fern ist, wird er je das Ziel erreichen können? Er nimmt sich zusammen, jetzt geht es um alles – um das Leben! Nicht mehr als abwägender Verstand, sondern mit vereinten Kräften des Leibes, der Seele und des Geistes wirft er sich darauf mit leidenschaftlicher Energie, so daß das Problem ihn nicht mehr los läßt. Auch während der Erholungspause, des Essens, der täglichen praktischen Arbeit quält er sich damit ab. Es verfolgt ihn bis in den Schlaf hinein. Er braucht sich nicht mehr zu zwingen, daran zu denken, auch wenn er sich zerstreuen möchte, denkt er weiter daran. Vergebens. Die Lösung will sich nicht einstellen... In dieser geistigen Verfassung mag es dann geschehen, daß ihm die Lösung plötzlich, unvermutet, einfällt.
Oder aber: ein Anruf, ein starkes Geräusch, in hartnäckigen Fällen – das hat man früher nie gescheut – schmerzhafte Berührung bringen die Spannung zum Platzen. Wie erregend ist dieser Augenblick. Zittern, Schweißausbruch bekundet es. Aber auch beglückend: Mit einemmal fällt ihm ein, was er vergeblich gesucht hat. Er sieht jetzt klar, wo bisher alles verschwommen war, den Wald gleichsam trotz aller Bäume. Wie Schuppen fällt es ihm von den Augen. Er hat das Gefühle, erlöst zu sein, so *blitzartig* ist dieses Geschehen, so nachhaltig. Und dennoch kann er es kaum fassen.«

Was mir an der psychopathologischen Verfassung während der Koan-Lösung wesentlich ist, könnte man einen meditativen »Interferenzzustand« nennen. Der Übende befindet sich in einem unterwachen Bewußtseinszustand, der schon durch die Konzentration eingeengt ist. Das Koan engt diesen Bewußtseinszustand noch stärker ein und lädt ihn gleichzeitig mit Problemen auf, die auf einer rationalen Ebene nicht zu lösen sind. Dieser Zustand, der sich in seiner Struktur natürlich mit einer alltäglichen psychischen Notlage vergleichen läßt, wird in der Zen-Meditation durch das Satori-Erlebnis (die »Erleuchtung«) beendet. Dies ist im Prinzip nichts anderes als ein ruckartiges Umschalten auf eine nicht-rationale Tiefenerkenntnis oder besser gesagt »Tiefenerfahrung«.

Speziell im Zusammenhang mit meinem Thema »Meditation als Psychotherapie« scheint mir dieser Vorgang von ganz großer Bedeutung. Hier liegt offenbar eine Methode vor, die bei der Lösung

von Problemen und psychischen Spannungen Hervorragendes leistet. Aller Wahrscheinlichkeit nach dürfte auch bei vielen Problemen unseres täglichen Lebens in leichteren Formen von eingeengter Unterwachheit eine dem Satori-Erlebnis ähnliche Erfahrung möglich sein.
Die Zen-Meditation diente uns für diesen Prozeß nur als Beispiel. Wie stark hier die Parallelen in den wichtigsten asiatischen Meditationsformen sind, zeigt die Tabelle auf Seite 166.

Religionsphilosophisch ausgerichtete Autoren werden gegen diese Gleichsetzung unterschiedlicher Meditationswege Bedenken haben, doch geht es hier nur um das methodische Vorgehen und die psychopathologischen Situationen. Unter diesem Blickwinkel sind die Parallelen unter den verschiedensten Meditationsformen nicht zu übersehen. Dies gilt im Prinzip für die Transzendentale Meditation, die divine-light-mission, Hare Krishna, Ananda Marga und andere.
Eins soll in bezug auf diese Gruppen freilich einschränkend bemerkt werden: Gemessen an dem systematisch durchgeführten Aufbau und der teilweise über mehrere Jahrhunderte gehenden Tradition der großen Meditationswege wie Yoga oder Zen erscheinen mir diese neueren Formen meditativer Technik doch von geringerem Wert. Bei der Transzendentalen Meditation z. B., mit der ich mich in mehreren Arbeiten beschäftigt habe, muß das Verschleiern der Herkunft, der unsystematische Aufbau und das Fehlen eines echten Meisters bei der Führung einzelner Übender so beanstandet werden, daß mir aus unserer Sicht erhebliche Kritik angebracht scheint. Fast bin ich geneigt, in diesem Zusammenhang nur von pseudomeditativen Techniken zu sprechen.
Im Folgenden soll nun der Schwerpunkt auf die unmittelbare psychotherapeutische Bedeutung der Meditation gelegt werden. Zuvor will ich allerdings noch kurz auf ein speziell im deutschen Sprachraum weit verbreitetes Verfahren eingehen, das ebenfalls einen unmittelbaren Weg zur Meditation bietet, auch wenn dieser nicht sehr oft genutzt wird. Ich meine das autogene Training von *J. H. Schultz*. Die enge Verbindung mit meditativen Ansätzen wurde von Schultz zwar nicht von Anfang an, wohl aber relativ bald gesehen. Die Methodik des Verfahrens muß hier vorausgesetzt werden. Wer sie nicht kennt, den darf ich auf das Originalwerk von

Stufen einzelner asiatischer Versenkungsmethoden

Stufen	Yoga	Buddhistische Versenkung	Taoistische Meditation	Zen
1	*Yama* = Zucht	*Sila* = Zucht	Religiöse Haltung des Glaubens und Vertrauens	Verrichtung von einfachen Arbeiten mit Sammlung persönlicher Erfahrungen
2	*Niyama* = Selbstzucht	*Sila* mit Selbstzucht	Selbsterziehung	Reinigung der Anschauungskraft u. a. durch *Mondo* = geistreiches Wortgefecht
3	*Asana* = Sitzarten mit besonderer Handhaltung und Augenstellung	asiatische Gebetshaltung, z. T. mit Fixierung des Blicks	Ungezwungene Gebetshaltung mit Fixierung des Blicks und Handhaltung	*Zazen* = Sitzhaltung im bequemen Lotossitz mit Fixierung des Blicks und besonderer Handhaltung
4	*Pranayama* = Atemhemmung	Atemregulierung mit besonderer Beachtung des Aus- und Einatmens	Selbstregulierung der Atmung nach einigen tiefen Atemzügen	Atmung mit Bewußtsein bis zur Selbstregulierung
5	*Pratyahara* = Zurückziehen der Sinnesorgane	1. Stufe des *Jhana* mit Konzentration auf das Leid	Zählen bis zu bestimmten Zahlen	Ausschaltung äußerer Reize als Erfahrungsquelle mit *Susokukan* (Zählen der Atemzüge)
6	*Dharana* = Fesselung der Gedanken	2. Stufe des *Jhana* mit Glückseligkeitsgefühl	*Ting* = Festlegung des Bewußtseins	*Koan* »Zen-Problem«, *Zuisokukan* (dem Atem folgend)
7	*Dhyana* = Meditation	3. Stufe des *Jhana* mit »heiliger« Indifferenzstimmung	*Tsing* = Stille	Zunehmender psychischer Interferenzzustand in Meditation
8	*Samadhi* = Versenkung, »Enstase«, »Einfaltung«, bewußter und unbewußter Samadhi	4. Stufe des *Jhana* mit eiskalter Indifferenz als vollendetem Gleichmut und Übergang zu Amnesie: *Nirvana*	*An* = Frieden mit Einstellung auf Erkenntnisse wie »Anfang des Menschen«	*Satori* = ruckartig eintretende Erleuchtung in Tiefenerfahrung mit späterer Amnesie

Schultz verweisen, das jetzt in der 12. Auflage erschienen ist, bzw. auf das Übungsheft, das in der 17. Auflage vorliegt.

Yoga und autogenes Training

Die Verbindung zwischen Yoga und autogenem Training erscheint mir nicht ganz hergesucht. Schon die Erstauflage des Standardwerkes »Das autogene Training« enthält ein ausführliches Kapitel über den Yoga, und auch aus unserer Sicht fallen einzelne Parallelen sehr ins Auge: So entsprechen die ersten fünf Stufen des praktischen Yoga im Prinzip der Unterstufe des autogenen Trainings. Bei beiden Verfahren liegen die Schwerpunkte der Konzentration zunächst auf körperlichen Vorgängen. Beim autogenen Training ist es die Konzentration auf Ruhe, Schwere und Wärme, mit der eine »körperliche Umschaltung« in bezug auf Muskelentspannung und Gefäßerweiterung bezweckt wird. Auch die spätere Atemübung, Herzübung und die Übungen des Plexus solaris sind meiner Auffassung nach wesentlich an den Yoga angelehnt, und zwar speziell an dessen Spätform, den Hatha-Yoga.

Die zweite Gruppe der Übung aber, die beim Yoga als »königlicher Yoga« (Raja Yoga) bezeichnet wird, entspricht, wenn man recht hinsieht, ziemlich genau der Oberstufe des autogenen Trainings, die *Luthe* – im Gegensatz zu anderen Epigonen ein zuverlässiger Kenner der Schultzschen Auffassung – geradezu als meditative exercises (meditative Übungen) bezeichnet hat.

Schon durch diese Terminologie betont Luthe die nahe Verwandtschaft der Oberstufe des autogenen Trainings zur Meditation.

Dies würde ich unterstreichen, da ja die Konzentration auf die Eigenfarbe, die Farben des Spektrums, der abstrakten Gegenstände und der, wie Schultz es nennt, »Fragen an das Unbewußte« diese Nähe sehr deutlich erkennen läßt. Obwohl es auch andere Interpretationen gibt – etwa von *Rosa*, der die Oberstufe des autogenen Trainings als Sonderform einer analytischen Technik bzw. als ungerichtetes »katathymes Bilderleben« versteht –, sollen im Folgenden die Erfahrungen mit der Oberstufe des autogenen Trainings und denen aus der asiatischen Meditation gemeinsam dargestellt werden, und zwar jetzt endgültig mit Blick auf unser eigentliches Thema.

Meditation als Psychotherapie

Stellen wir nochmals die zentrale Frage: Worin liegt die Bedeutung von Meditation als Psychotherapie – eine Bedeutung, die über die rein religiöse Erbauung hinausgehen und vom theologisch-philosophischen Gebiet auf das medizin-psychologische hinüberführen muß. Sie liegt, rein mechanisch gesehen, darin, daß das Denken auch in einem unterwachen Bewußtseinszustand fixiert bleibt, während es sonst in diesem Zustand dazu neigt, frei assoziativ abzulaufen. In der asiatischen Meditation heißt es in diesem Zusammenhang: »Die Gedanken sind wie die Affen; sie hüpfen von einem Ast zum anderen.« Diesen Tatbestand kennt jeder, der sich einmal im Zustand des Vorschlafes beobachtet hat. Das Denken beginnt da und dort, und schließlich findet sich der Einschlafende an irgendeiner anderen Stelle in Gedanken wieder, die mit dem Ausgangsgedanken gar nichts zu tun hat. Dieses locker geknüpfte, frei assoziative Denken ist für den unterwachen Bewußtseinszustand charakteristisch.

Bei den meditativen Techniken aber, dem »erlernten Einengen des Bewußtseins auf einen selbst gewählten Gedanken« (s. o.) wird gerade diese Neigung des Denkens verhindert, obwohl der Bewußtseinszustand unterwach bleibt. Dieser Umstand scheint mir für die psychotherapeutische Wirkung meditativer Verfahren von entscheidender Bedeutung, da er verschiedene heilsame Prozesse zu bedingen vermag.

Ein einfaches Beispiel: Bei vielen seelisch Gestörten und damit Psychotherapiebedürftigen liegt der Grund für die Störung einfach darin, daß sie Probleme und Konflikte, die bewältigt werden müßten, statt dessen aus dem Bewußtsein verdrängen. Dies läßt sich durch die meditative Technik gezielt verhindern. Aber nicht nur das. Wie ich oben schon am Beispiel des Koan gezeigt habe, begünstigen meditative Techniken auch eine bestimmte, oft sehr effiziente Form der Problemlösung. Wir erinnern uns: Im »interferenten« Bewußtseinszustand erfuhr ein bis dahin unlösbares Problem eine schlagartige Lösung. Das ergibt selbstverständlich – ich habe das vorher schon angedeutet – wichtige psychotherapeutische Aspekte, gleichgültig, ob es sich um Problemlösung äußerlich Gesunder oder um die Konfliktverarbeitung seelisch gestörter Kranker handelt.

Die Unterwachheit, verbunden mit einem partiell überwachen Denken, bietet in jedem Fall entscheidende psychotherapeutische Hilfestellungen. Für diesen Tatbestand gibt es zahlreiche Beispiele: So soll *Kékulé* des öfteren in einem unterwachen Bewußtseinszustand, nachdem er sich zuvor lange mit einer für ihn bis dahin unlösbaren Aufgabe beschäftigt hatte – und das entspricht ja weitgehend dem Zen-Problem eines Koan –, schlagartig sein »Heureka« erlebt haben. Und ohne Frage haben wir alle unsere persönlichen, mehr oder minder schweren »Zen-Probleme«. Wenn es uns in dieser Lage gelingt abzuschalten, dann erleben wir oft schon ganz spontan ein »Aha-Erlebnis«, auch ohne daß wir ein spezielles Verfahren einer aktiven-autohypnoiden Methode angewandt haben. All das aber sind zufällige Ergebnisse. Meditation als Psychotherapie, so wie sie hier verstanden werden soll, übt diesen Weg und nutzt ihn dadurch für eine Psychotherapie im erweiterten Sinne.

In diesem Zusammenhang soll noch ein letzter Gedanke erwähnt werden: Im Zustand der Unterwachheit bekommen viele, wenn nicht sogar alle Probleme unseres Lebens – und Psychotherapie heißt ja Hilfestellung bei der Lösung von Problemen oder Konflikten – eine andere »Beleuchtung«. Die Schwierigkeiten muten anders an. Daß das grelle Licht des Wachbewußtseins die Lösung eines tieferen Problems oft eher verhindert als fördert, ist die Kehrseite desselben Geschehens. Das bewußte Sich-Hinführen in den unterwachen Bewußtseinszustand des autogenen Trainings oder einer anderen Meditationsmethode kann unter Umständen schon durch diesen »Beleuchtungswechsel« zu einer innerpsychischen Entkrampfung führen. Daß eine solche Entkrampfung, auch wenn dies banal klingen mag, oft schon ausreicht, eine Problemlösung einzuleiten oder sogar einen Heilprozeß in Gang zu setzen, ist eine alte therapeutische Erfahrung.

Leseempfehlungen

Folgende Werke seien für Leser erwähnt, die sich mit der Materie eingehender beschäftigen möchten. Es handelt sich um lieferbare Bücher (Stand: Frühjahr 1995).

Jane Roberts, Gespräche mit Seth, Genf 1990.
Jay Stattmann, Kreative Trance, Oldenburg 1991.
Moritz Boerner, Das Tao der Trance, München o. J.
John Grinder/Richard Bandler, Therapie in Trance, Stuttgart 1984.
Felicitas Goodman, Wo Geister auf den Winden reiten, Freiburg 1989.

Mit Sicherheit ließen sich noch viele weitere Bücher aufzählen, doch diese kleine Auswahl soll genügen, den Aspekt, unter dem das vorliegende Buch zusammengetragen wurde, zu vertiefen (siehe Einführung).

Bio-Bibliographie

Safi Nidiaye
Medium und Schriftstellerin. Beschäftigt sich seit Jahren intensiv mit Trance und Meditation. Ihr intuitives Wissen vermittelt sie durch die Begegnung mit ihrem Höheren Selbst.
Das Licht, das aus dem Dunkeln kommt
© bei der Autorin

Stuart Holroyd
Theorien aus der Vergangenheit
aus: Reisen der Psyche
dt. v. Sam Land
© der deutschen Übersetzung: Ullstein Verlag, Berlin 1979

Charles Tart
Psychologieprofessor an der University of California in Davis, Experte für Außersinnliche Wahrnehmung (ASW).
Bewußtseinszustände und Erleuchtung
aus: Hellwach und bewußt leben
dt. v. Theo Kierdorf
© deutsche Rechte by Scherz Verlag, Bern und München 1988

Holger Kalweit
Ethnopsychologe. Veröffentlicht seit Jahren Aufsätze zu psychologischen und anthropologischen Fragen in Fachzeitschriften.
Seelenreisen und Jenseitslehren, *Die außerkörperliche Erfahrung*
aus: Die Welt der Schamanen
© deutsche Rechte by Scherz Verlag, Bern und München 1984

Heiltrance und Trancelogik
aus: Urheiler, Medizinleute und Schamanen

Daisetz T. Suzuki
1870 bis 1966, Japan. Studierte Zen-Buddhismus, lebte von 1936 bis 1964 in den USA, las dort an verschiedenen Universitäten und veröffentlichte mehr als dreißig Bücher, darunter sein wichtigstes »Die große Befreiung«. Er erhielt viele Ehrentitel und Preise von den Regierungen in Japan und Indien.
Die Erleuchtung des inneren Selbst
aus: Die Kraft des inneren Glaubens
dt. v. Ulli Olvedi

Frances E. Vaughan
Psychotherapeutin in Kalifornien. Wegbereiterin der Transpersonalen Psychologie. Intensive Erfahrungen in buddhistischer Meditation und anderen spirituellen Disziplinen.
Verschiedene Arten intuitiven Erlebens
aus: Intuitiver leben
dt. v. Gudrun Theusner-Stampa

Dietrich Langen
ehemaliger Direktor der Klinik für Psychotherapie an der Universität Mainz. Spezialist für Hypnosetherapie.
Meditation als Psychotherapie
aus: Meditation – Wege zum Selbst
hg. v. Udo Reiter

Hans Christian Meiser (Hg.)

Schön-Sein
Natürliche Harmonie und Ästhetik
Menschen-Kunde
Band 12693

Freundschaft
Freunde schaffen und behalten
Menschen-Kunde
Band 12694

Träume
Deutung und Bedeutung
Menschen-Kunde
Band 12691

Jungbleiben
Das Geheimnis der Jugend im Alter
Menschen-Kunde
Band 12695

Trance
Andere Bewußtseinszustände und die Arbeit mit ihnen
Menschen-Kunde
Band 12696

Fischer Taschenbuch Verlag

fi 818 / 2

Ratgeber
für Leib und Seele

Robert C. Atkins
Diät-Revolution
Gut essen –
sich wohl fühlen –
und abnehmen
Band 1720

Thérèse Bertherat/
Carol Bernstein
Der entspannte Körper
Band 11070

Kenneth H. Cooper
Bewegungstraining
Praktische
Anleitung zur
Steigerung der
Leistungsfähigkeit
Band 1104

James F. Fixx
Das komplette Buch vom Laufen
Band 3326

Julie Friedeberger
Yoga im Büro
Band 12270

Scott Gerson
Ayurveda
Eine Einführung
in die indische
Gesundheitslehre
Band 12584

Jiao Guorui
Qigong Yangsheng
Chinesische
Übungen zur
Stärkung der
Lebenskraft
Band 12948

James MacRitchie
Qi Gong
Chinesische Gesundheitsübungen
Eine Einführung
Band 12585

Peter Mole
Akupunktur
Eine Einführung in
die chinesische Energiebalancierung
Band 12586

Tarthang Tulku
Kum Nye
Tibetische Übungen
zur Stärkung
der Gesundheit
Band 12758

Frank Wildman
Feldenkrais im Büro
Übungen für
den Arbeitsplatz
Band 12489

Kareen Zebroff
Yoga
Übungen für
jeden Tag
Band 1640

Fischer Taschenbuch Verlag